Ach Du lieber Gott

Wolfgang Korruhn

ACH DU LIEBER GOTT

 Eichborn.

Danke Marianne fürs Zuhören.
Und Sinan fürs Lachen.

Die Deutsche Bibliothek – CIP-Einheitsaufnahme

Korruhn, Wolfgang:
Ach du lieber Gott : Irdisches aus dem Himmel / Wolfgang
Korruhn. – Frankfurt am Main : Eichborn, 1994
ISBN 3-8218-0290-1

© Vito von Eichborn GmbH & Co. Verlag KG,
Frankfurt am Main, Januar 1994
Umschlaggestaltung: Rüdiger Morgenweck
Satz: Fuldaer Verlagsanstalt GmbH, Fulda
Druck: Wiener Verlag, Himberg
ISBN 3-8218-0290-1
Verlagsverzeichnis schickt gern:
Eichborn Verlag, Kaiserstraße 66,
D-60329 Frankfurt am Main

Wenn es *Gott* gibt, ist er natürlich überall. Und wenn es den *Himmel* gibt, ist er auch überall. Wo denn sonst. Deshalb sieht es bei dem *alten Herrn* genauso aus wie bei Ihnen zu Hause.

Und *Luzifer*, gibt es den auch? Sicher doch, er ist immer da, wo auch der alte Herr ist. Er ist sein bester Freund. Der eine ist ohne den anderen nicht denkbar. Fragen Sie Gottes Lieblingsengel, den kleinen *Johannes*, er ist zwar erst zweitausend Jahre alt, also nach himmlischer Zeitrechnung noch ein Kind, aber er weiß das.

Uriel ist der dunkle Engel mit dem Flammenschwert, den keiner wirklich mag, nicht mal die *alte Köchin*, die sonst wirklich für jeden gern kocht.
So ist das da oben.
Aber es könnte natürlich ebenso gut hier unten sein.

Inhalt

Tut das Leben wirklich immer weh?

ott stand auf dem Klodeckel. Er hielt sich mit der linken Hand an der Wand fest und machte sich mit der rechten an der kaputten Badezimmerlampe zu schaffen. Der kleine Johannes stand hinter ihm. Breitbeinig. Er umfaßte seine Hüfte, um ihn zu stützen.

»Halt doch die Kerze ruhig. Ich kann ja gar nichts sehen«, zischte der alte Herr, den Schraubenzieher im Mund.

»Die verdammte Lampe stammt offenbar noch aus der Zeit von Moses. Und vorschriftsmäßig isoliert ist die auch nicht. Für feuchte Räume nicht zugelassen. Das Haus wird uns noch mal durch Kurzschluß abbrennen.«

»Paß bloß auf, daß du keinen Schlag bekommst.«

»Ich möchte wissen, was ihr in der Schule eigentlich lernt. Ich habe den Lichtschalter ausgeschaltet. Und wo kein Strom ist, kann man auch keinen Schlag kriegen, Johannes.«

»Wenn Du einen Schlag bekommst, kriege ich dann auch einen?«

»Bei Gott ist kein Ding unmöglich, aber man muß es ja nicht unbedingt herausfordern«, lachte Luzifer, der zur Badezimmertür hereinkam.

»Meinst du, Luzifer, Gott leitet den Strom nicht?«

»Ach Schätzchen, auch er besteht zu sechzig Prozent aus Wasser. Genauso wie du und ich. Seine Leitfähigkeit ist also absolut irdisch. Wie manches andere auch. Abgesehen von der Tatsache, daß er unsterblich ist.«

Der alte Herr stieg herunter und nahm den Schraubenzieher aus dem Mund: »Daß ich in meinem Alter solche riskanten Reparaturen am Licht selbst machen muß, weil ihr ganz offenbar Plus und Minus nicht auseinanderhalten könnt, das ist wirklich . . . «

» . . . ist doch wirklich angemessen. Wer hat denn den Satz gesprochen: ›Es werde Licht?‹ Ich vielleicht?«

Gott war sichtlich beleidigt:

»Kannst du dann wenigstens so gütig sein, nachdem ich die Lampe repariert habe, und auf den Schalter drücken, Luzifer?«

Er tat es, aber es flammte nur ein Blitz auf. Und dann war es wieder finster. »Vom hohen Thron herunter zu befehlen, die Sonne soll gefälligst anfangen zu leuchten, das ist leicht«, spottete Luzifer, »aber sich hier mit Drähten, Elektrizität und einer nostalgischen Funzel abzuquälen, strapaziert die Geduld offenbar weit mehr. Der Teufel steckt bekanntlich im Detail.«

Der alte Herr würdigte Luzifer keines Blickes und keines Wortes, sondern drückte ihm das Werkzeug in die Hand und tastete sich durch den dunklen Flur in die gute Stube. Man hörte, wie er sich ans Klavier setzte und »Für Elise« spielte.

»Einfach göttlich. Findest du nicht? Der alte Herr sollte sich auf das beschränken, was er wirklich kann.«

Luzifer summte den himmlischen Ohrwurm mit, während er mit ein paar geschickten Handgriffen die Lampe reparierte. Eine Kleinigkeit.

»Stimmt es, daß du in deiner Jugend mal der Lichtengel warst?« wollte Johannes wissen.

»Du findest mich also als Elektroinstallateur nicht schlecht, das ehrt mich.«

»Warum antwortest du eigentlich nie auf meine Fragen?«

»Willst du Windstille in deinem Gehirn haben? Was den alten Herrn anbetrifft, ich kenne ihn nun schon seit, ich weiß nicht wieviel

11

hunderttausend Jahren. Früher, als ich noch der Oberbeleuchter hier war, habe ich ihn gefürchtet und mich gegen ihn aufgelehnt. Heute nicht mehr.«

»Er ist aber doch so nett.«

»Klar, jetzt ist er alt, schwach und nur noch der ›liebe Gott‹. Du hättest ihn früher erleben müssen, da war das nette Väterchen ein autoritärer Generalissimus und gnadenloser Zionist. Da behaupteten die Menschen, wen Gott liebt, den züchtigt er. Aber heute, ach du liebes Göttchen, da ist er ja selbst nicht mal mehr davon überzeugt, daß er der einzige und wahre Gott sei und außer ihm kein anderer.«

»Aber du sagst doch immer, wenn ein Gott so was von sich behauptet, dann kann er's doch wohl nicht sein.«

»Bravo. Der Kandidat bekommt neunundneunzig Punkte. Der alte Herr hat dazugelernt, das muß man selbst einem Gott zubilligen, daß sein Horizont sich erweitert. Ich werde dir mal ein Geheimnis anvertrauen, der alte Herr hat nämlich in den letzten Jahren viel Buddha gelesen, verstehst du. Und das ist an seinem Bewußtsein nicht spurlos vorübergegangen. Gott sei Dank.«

Die beiden hörten, wie der alte Herr drüben den Cis-Moll-Walzer von Chopin intonierte, so gingen sie also so leise sie konnten hinüber, um zu lauschen. Gott saß versunken hinter dem

Instrument und Luzifer dachte, er sieht ein bißchen aus wie Horowitz, der sich als Elly Ney verkleidet hat. Aber er spielt doch viel, viel besser als Justus Frantz.

Mitten im Spiel brach er ab:

»Ach, es ist so traurig, bei Chopin muß ich immer an meine Kindheit denken und daran, daß ich meinen Vater und meine leibliche Mutter nie kennengelernt habe.«

»Dann bist du also ein uneheliches Kind?« fragte Johannes.

»Nicht mal das weiß ich genau. Meine Stiefmutter hat mir nie gesagt, wer meine wirklichen Eltern waren.«

»Du hast sie nie gesehen?«

»Nein, nie.«

»Du möchtest die doch bestimmt mal kennenlernen. Bist Du nicht neugierig, ob Du deinem Vater ähnlich siehst?«

Der alte Herr schüttelte den Kopf und antwortete nicht, schlug nur ein paar Akkorde in Moll an.

»Hast du eigentlich noch Geschwister?«

»Klar«, mischte sich Luzifer ein, »er hat jede Menge Brüder und auch Schwestern. Wie viele, weiß kein Mensch. Nicht mal der alte Herr selbst.«

»Und die sind auch Götter oder so was ähnliches?«

»Johannes – Schätzchen, ich muß die neunundneunzig Punkte, die ich dir vorhin leichtfertig zugesprochen habe, leider wieder streichen. Ich war so verwegen zu glauben, du hättest inzwischen verstanden. Gott hat seinen Alleinvertretungsanspruch aufgegeben!«

Johannes war verunsichert und guckte den alten Herrn und Luzifer ungläubig von der Seite an, denn er wußte nicht mehr recht, ob die beiden alten Freunde, die so eigenartig miteinander umgingen, ihn ernst oder auf die Rolle nahmen.

»Bist du eigentlich nur für die Christen zuständig oder für alle Menschen?« fragte Johannes weiter.

»Was heißt zuständig? Du fragst, als wäre er ein Sachbearbeiter auf dem Sozialamt«, brummte Luzifer. »Zu allererst muß er seine eigenen Sachen hinkriegen. Und das gelingt ihm ja auch manchmal. Vom Licht abgesehen, wie du vielleicht bemerkt hast.«

»Immer mußt du deine zynischen Sprüche dazwischenschießen. Kannst du denn nicht mal richtig ernst sein, Luzifer?«

»Bin ich doch. Aber ich weiß, welche Fragen dem alten Herrn weh tun. Und als sein Pressesprecher muß ich ihn vor deiner penetranten Neugier in Schutz nehmen.«

»Ich weiß, wenn's ans Eingemachte geht, schweigt der alte Herr immer.«

Gott lachte:

»Wer Ohren hat zu hören, der höre.«

»Aber du hast doch gar nichts gesagt«, grinste Luzifer.

Die alte Köchin war inzwischen ins Zimmer gekommen, hatte den Tisch gedeckt, die Teller hingestellt, voll mit dampfenden Spaghetti. Als Johannes und Luzifer aber sahen, daß sie auch eine große Schüssel Mousse au Chocolat brachte, tiefschwarz wie der abgründige Lichtengel es liebte, machten sie sich wie ungezogene Kinder darüber her, tauchten ihre Finger hinein, leckten sie geräuschvoll ab. Doch die Köchin kannte das schon, klopfte den beiden nicht mal mehr auf die Finger, wie sie das früher getan hatte, als sie noch nichts wußte von dem unglaublichen Tempo männlicher Triebbefriedigung. Sie war trotzdem ungehalten, denn sie haßte nichts so sehr wie Streit bei Tisch:

»Müßt ihr euch denn immer zanken? Könnt ihr nicht wenigstens beim Essen ein bißchen Frieden halten?«

»Im Rahmen der Menschwerdung der Frau eine wirklich kluge Anmerkung«, brummelte Luzifer mit vollem Mund.

Die Köchin wurde zornig, so gut sie konnte: »Worüber streitet ihr? Ist denn das so wichtig, ob Gott Geschwister hat und ob er nur für die Christen zuständig ist? Freut euch doch einfach, daß er hier ist und ihr mit ihm unter einem Dach wohnen dürft. Ich glaube einfach an ihn und

15

stelle keine Fragen. Fertig, basta! Vor lauter Rechthaberei merkt ihr gar nicht, wie gut mir die Mousse heute gelungen ist.«

»Du sagst es, meine Liebe, die Theologie geht durch den Magen. Das war schon immer so.«

»Ist Gott nun auch für die Nichtchristen verantwortlich oder nicht?« beharrte der Kleine.

»Alles, was über ihn geschrieben worden ist, haben Menschen geschrieben. Und die brauchten immer jemanden, der ihnen das Schönste und Wertvollste, was sie haben, abnimmt: das Leben selbst.«

»Die wollen tot sein, echt?«

»So was ähnliches. Sie wollen ihre Ruhe haben und andere entscheiden lassen. Gehorchen, sich einordnen, bloß keine Verantwortung, kein Risiko. Das wollen sie, und das ist so 'ne Art Tod. Immer auf der Suche nach jemandem, der ihnen alles abnehmen soll, was weh tun kann.«

»Das Leben tut weh?«

»Wenn nichts mehr weh tut, dann bist du tot.«

»Aber was hat das mit Gott zu tun?«

»Du bist ja reif für die Planstelle eines Erzbischofs, Johannes. Vielleicht solltest du dir noch 'ne Gabel Spaghetti Luziferi reinziehen.«

Der alte Herr war vielleicht schon ein bißchen schwerhörig, auf jeden Fall beherrschte er meisterlich die Kunst, immer dann wegzuhören, wenn er nichts hören wollte. Bis zum letzten

Krümel hatte er alles aufgegessen und schien ganz zufrieden:

»Schade, daß es meines Wissens keine Köchin gibt, die heiliggesprochen wurde. Wirklich bedauerlich.«

»So bald wollen wir ihr doch den Tod nicht wünschen«, sagte Luzifer, »und ein seliges Ende im Feuer erst recht nicht. Aber das Verbrennen reicht heute für so was auch nicht mehr aus. Da müßte die Kirche in Deutschland erst mal ein halbes Dutzend Türken heiligsprechen. Aber das sind ja nur Moslems und nicht für den rechten Glauben angezündet worden, oder?«

Alle blickten auf Luzifer. Besonders die alte Köchin war entsetzt:

»Sie reden so böse, als wären Sie ein Mensch, Luzifer.«

»Die Menschheit stirbt sowieso bald aus. Und ich finde, sie hat's verdient«, kommentierte der kleine Johannes altklug.

»Das könnte euch so passen«, sagte jetzt der alte Herr, indem er aufstand und die Teller übereinanderschob, »woher sollen wir unser Obst und Gemüse, Milch, Zucker, Schokolade, Luzis Zigaretten und vor allem den Beaujolais herbekommen? Außerdem möchte ich auf das Fernsehen nicht ganz verzichten. Das brauch ich zum Einschlafen.«

Er erhob sich mit einem kurzen Nicken und ging ins Nebenzimmer.

Luzifer folgte ihm:

»Es ist acht, Kinder. Zeit für die Tagesschau. Mal gucken, wo's wieder brennt.«

»Du bleibst bitte hier und drückst dich nicht«, sagte die Köchin sehr bestimmt zu Johannes, der sich gerade mit den beiden Herren aus dem Staub machen wollte, »und hilfst mir beim Abräumen, ja?«

Während Johannes wortlos gehorchte und dabei nochmal an die große Schüssel ging, hörte man von nebenan Granaten und Schüsse aus dem Fernseher.

»Schrecklich, welches Unglück auf der Erde ist«, seufzte die alte, liebe Köchin, »warum gibt's bloß so viel Böses. Ich fass' es nicht.«

Noch bevor Johannes den Mund aufmachen konnte, um die Alte zu belehren, was er heute in der Schule vom Verlust der Werte gelernt hatte und vom Verhängnis der egoistischen Ellenbogengesellschaft, war es plötzlich dunkel und totenstill.

»Verdammt, schon wieder Kurzschluß«, fluchte Luzifer, »ich reparier das aber nicht noch einmal.«

»Ich auch nicht« murrte der alte Herr, »jedenfalls nicht allein.«

»Ich sehe schon, ich muß das wieder machen. Männer und Technik, das klappt bekanntlich nie«, sagte die Köchin und zündete ein Streichholz an, »ich brauche Strom für den Heißwasserboiler. Schließlich muß ich noch spülen.«

So schlurfte sie den Flur hinunter, und der alte Herr rief ihr nach:

»Wenn du's nicht schaffst, dann helfe ich dir.«

»Das ist aber wirklich ein göttlicher Liebesbeweis«, meinte Johannes, »Gott ist die wahre Liebe.«

»Noch sitzt er hier bequem auf seinem Sessel im Dunkel und tut gar nichts, weil er nämlich inzwischen eingeschlafen ist«, sagte Luzifer, »aber man weiß es ja, Gott hilft am liebsten denen, die sich selber helfen. Wir können nur hoffen, daß unsere heißgeliebte Küchenfee keinen Schlag bekommt und von der Leiter stürzt.«

Es dauerte nur einen Moment, bis die Gute es tatsächlich geschafft hatte, die Sicherung auszuwechseln, so daß das Licht wieder aufflammte und aus dem Fernseher wieder die vertrauten Geräusche von Mord und Totschlag kamen.

»Bravo, bravo« rief Luzifer, »es ist alles wieder in bester Ordnung.«

Führst du Selbstgespräche beim Beten?

er alte Herr achtete immer darauf, daß der kleine Johannes mit Luzifer nicht allzulange allein blieb. Nicht daß er meinte, er könnte den Jungen zu irgendeiner für sein Alter viel zu gefährlichen Arbeit mißbrauchen, was Luzifer mit den Engeln gern tat. Ständig forderte er von ihnen Freundschafts- oder gar Liebesdienste, wollte dies und das von der Erde mitgebracht haben, ketzerische, verbotene Bücher etwa, die im Giftschrank der vatikanischen Bibliothek schlummern und selbst für Engel mit überirdischen Spezialausweisen sehr schwer auszuleihen sind, auch schon mal Päckchen extrasensibler Präservative in Lila, Schwarz oder mit After-Eight-Geschmack.

Manchmal mußten Michael, Gabriel oder Raphael größere Mengen Dollarscheine von einem Nummernkonto beim Schweizer Bankverein abheben, das einmal Hermann Göring gehört hatte und dessen Geheimnummer neben dem obersten Kassierer nur Luzifer kannte. Sehr zum Schaden und Ärger des weltberühmten Züricher Geldinstituts, das vergeblich nach den Löchern in der sonst äußerst peniblen und geheimen Buchführung forschte.

Gott hatte das gar nicht gern, denn im Himmel gab es kein Geld. Es war strengstens verboten. Nach seinen Beteiligungen am Tempel von Jerusalem, der ja in Wahrheit eine Großbank war, und dessen Plünderung durch die Römer, hatte er sich aus Geldgeschäften völlig zurückgezogen.

Nein, er wollte Luzifer und den Jungen nicht allein lassen, weil er ganz zu Recht vermutete, der alte Fuchs würde den unerfahrenen Johannes agitieren und auf dumme Gedanken bringen. Doch er zweifelte selbst, ob die sogenannten dummen Gedanken nicht doch letzten Endes die klugen Gedanken waren.

Nun saßen aber beide schon, von Gott unbemerkt, einen halben himmlischen Tag auf der staubigen Kellertreppe, und Luzifer, der eigentlich nur eine Flasche Roten heraufholen wollte, fand das einen angemessenen Platz für eine Plauderei mit dem Jungen.

»Warum hat Gott eigentlich was dagegen, wenn wir beide diskutieren?«

»Er will nicht, daß du eines Tages so gut informiert bist wie er. Dabei ist er überhaupt nicht mehr gut informiert.«

Luzifer lachte: »Ich weiß einfach andere Sachen als er. Er ist der oberste Chef, der vieles nicht mitbekommt, weil er eben der Chef ist. Sieh mal, wenn die Menschen zum Beispiel sich gegenseitig übers Ohr hauen, mit raffinierten, sagen wir mal juristischen Tricks ihre Gegner fertigmachen, sich abschlachten oder vergasen, dann schaut er weg, weil das seiner Überzeugung widerspricht, daß alle Menschen von Anfang an gut sind.«

»Ach das meinst du, wenn du sagst, der Alte sei ein Phantast.«

»Er hat einen Sehfehler. Alte Leute sehen immer nur das, was sie sehen wollen.«

»Aber du bist auch alt. Hast du auch einen Sehfehler?«

»Den haben wir doch alle.«

Luzifer entkorkte die Flasche mit den Zähnen.

»Aber was darfst du mir denn nicht sagen, was Gott mir nie erzählen würde?« fragte Johannes.

Luzifer setzte die Flasche ab.

»Er bildet sich immer noch ein, glaube ich, er sei allmächtig. Die Wahrheit aber ist, er hat kaum noch Einfluß. Er hat keine Macht mehr über das, was in der Welt und auf der Erde passiert.«

»Und warum nicht?«

»Weil er nur dann eine gewisse Wirkung hat, wenn man an ihn glaubt. Ganz fest. Ohne Wenn und Aber. Doch das kann man nur, wenn man ihm vertraut. Ganz fest. Und das kann heute keiner mehr.«

»Kann man doch«, unterbrach der Kleine.

»Der Alte hat die Menschen zu oft enttäuscht. Das hat er selber gar nicht so richtig gemerkt. Er ist halt schrecklich unzuverlässig und kann unglaublich grausam sein.«

»Das ist nicht wahr.«

»Sei froh, daß du nicht sein Sohn bist, sonst würde er dich vielleicht kreuzigen. Seine treuesten Freunde, die Heiligen, hat er erdrosseln, erstechen, köpfen, rösten, vierteilen und verbrennen lassen.«

»Das hat aber nicht *er* getan!«

»Er hat es zugelassen. Schlimmer noch, er setzte alles daran, daß sein einziges Kind ermordet wird, verstehst du. Das war kein Betriebsunfall. Das war sein Plan. Und er hat nicht eine Minute Trauer gezeigt. Nur ein einziges Mal hat ihm was leid getan, als er nämlich die Menschheit bis auf ein Schiffchen voll Überlebender, die er für brave Untertanen hielt, ertränkt hat. Dann hat er zur Entschuldigung den Regenbogen für die Menschheit erfunden. Aber auf den ist auch kein Verlaß, oder willst du behaupten, daß der Alte wirklich hilft, sobald man die Farben am Himmel sieht?«

»Gott hat mir mal gesagt: ›Ich lasse mich nicht erpressen. Was allein zählt, ist der Glaube.‹«

»Er hat das den Menschen angetan, obgleich sie an ihn geglaubt haben. Heutzutage glauben sie nicht mehr an ihn, und der alte Herr hat sich deshalb zurückgezogen.«

»Aber auf der Erde geht's heute genauso grausam zu wie damals.«

»Mindestens. Nur mit dem Unterschied, daß die Menschen heute all diese furchtbaren Sachen alleine machen. Gott ist überflüssig geworden.«

»Nein, er ist nicht überflüssig geworden. Er tut so viel Gutes!«

»Was denn?«

»Er macht Menschen glücklich, die an ihn glauben.«

»Kann ja sein, daß manche Leute das wirklich glauben. Für die ist Gott so 'ne Art Placebo.«

Johannes guckte nur, weil er sich nicht zu fragen traute, was denn ein »Placebo« sei, womöglich etwas Unanständiges.

»Betest du auch manchmal?«

»Sicher«, antwortete Luzifer, »manchmal schon. Aber nicht an Gott, den du kennst und den ich kenne, mit dem wir jeden Morgen früh-stücken. Außerdem, ich bete immer dasselbe, ich bitte nur um Kraft. Sonst um nichts.«

»Und an wen richtest du deine Gebete?«

»Ich bin kein Kind mehr. Ich brauche keinen Vater mehr, der für mich sorgt. Das muß ich selbst tun.«

»Du hast meine Frage nicht beantwortet, Luzifer. An wen richtest du deine Gebete?«

»Du hast recht, Johannes, ich habe deine Frage nicht beantwortet«, sagte Luzifer mit einem Lächeln, das so ganz anders war als das Grinsen, das er sonst immer drauf hatte.

»Führst du vielleicht Selbstgespräche, wenn du betest? Hältst du dich etwa selber für einen Gott?«

»Ich werde dir eine Geschichte erzählen. Es war am Ufer des Meeres, die Brandung rollte heran. Eine kleine kurze Welle fragte eine riesige große, die schon eine sehr weite Reise hinter sich hatte: ›Hast du jemals das Meer gesehen?‹ Und die große Welle antwortete: ›Ich war schon viel unterwegs, doch das Meer, nein, das habe ich noch nie gesehen.‹«

»Verstehe ich nicht«, sagte der Junge, »das ist doch keine Antwort.«

Luzifer stand auf und klopfte den Staub von seinem Hosenboden. »Weißt du was, Johannes. Jetzt gehen wir in den Fitnesskeller des Chefs und machen ein bißchen Krafttraining. Muskeln kann man fürs Leben immer brauchen, aber die bekommt man nicht durch Beten.«

So stiegen sie also hinunter, Luzifer schon ein ganz klein bißchen beschwipst und eine Spur unsicher auf den Beinen, aber Johannes mit großen, sicheren Schritten.

Glück und Wohlstand sind Sand im Getriebe, echt?

uzifer saß nun schon viele Stunden an seinem Schreibtisch, der mit Nippes und Papier überhäuft war, so daß kaum Platz war für das Schreibzeug und den Computer, mit dem er sich früher gequält hatte, den er aber jetzt unbenutzt ließ. Er war zu seiner alten, mechanischen Schreibmaschine zurückgekehrt. Vielmehr waren es zwei, eine mit sehr hartem Anschlag für die Übersetzungen und eine andere, butterweiche, für eigene Gedichte und Geschichten. Er übersetzte gern Schopenhauer, Nietzsche, Karl Kraus oder Henry Miller, die er sehr schätzte, ins Engelische, also jene Sprache, die die Engel miteinander sprechen, weil er etwas für deren Bildung tun wollte. Dieses Wort,

das der alte Herr ja dauernd im Munde führte, hörte er nicht besonders gern, er sprach lieber von »Auf- und Abklären«.

»Was schreibst du eigentlich den ganzen Tag?« wollte Johannes wissen, der sich mit einem angebissenen Käsebrot in das Arbeitszimmer geschlichen hatte.

»Ich beantworte Post von der Erde.«

»Die Menschen schreiben an dich?«

»Nein, nicht direkt. Die schreiben einfach an den Himmel. Hier zum Beispiel habe ich einen Brief, da steht drauf: An den lieben Gott im Himmel.«

»Aber der Brief ist an Gott adressiert und nicht an dich.«

»Ja, ja. Ich beantworte die Briefe, weil Gott keine Zeit dafür hat.«

»Das ist nicht wahr«, entrüstete sich der Junge. »Gott hat ziemlich viel Zeit, wenn ich aus der Schule komme, dann liegt er meistens auf dem Sofa und liest, oder er schläft, oder er ißt was. Du beantwortest die Post doch nur, weil du dich wieder in seine Angelegenheiten einmischen willst und seine Großzügigkeit ausnutzt. Stimmt's? Gib's zu.«

Luzifer setzte seine Brille ab und faltete sie betont umständlich zusammen: »Erst einmal solltest du nicht mit vollem Mund sprechen. Das tust du auch nicht, wenn du mit Gott redest, oder?«

»Nein, er antwortet immer erst, wenn ich run-
tergeschluckt habe.«

»Na also, dann schluck bitteschön erst mal
runter. Zum zweiten ist Harzer auf deinem
Brot, und der stinkt fürchterlich.«

Johannes ließ den Bissen so schnell es ging im
Schlund verschwinden und wiederholte seine
Frage, noch bevor Luzifer seine Brille aufsetzen
konnte, um sich wieder der Post zuzuwenden.

»Natürlich hätte Gott hin und wieder Zeit,
aber wir haben das so ausgemacht, daß ich die
Briefe schreibe und Gott sie dann unterschreibt.«

»Was! Gott unterschreibt deine Briefe? Und
die Menschen denken, die Post komme direkt
vom lieben Gott?«

»Das ist allgemein üblich, verstehst du. Chefs
schreiben ihre Briefe nie selbst.«

»Und warum nicht?«

»Ach, du bist wieder schrecklich neugierig.
Sie lassen schreiben, weil sie dann besser
Distanz halten können zu denen, die ihnen
schreiben.«

»Wie meinst du das?«

»Man kann Briefe, die nicht an einen selbst
geschrieben sind, einfach besser beantworten,
weil, weil man . . . «

»Weil man besser lügen kann?«

»So scharf darfst du das nicht formulieren.
Aber du hast schon ein bißchen recht. Ich bin

für das, was ich schreibe, eigentlich nicht haftbar zu machen. Juristisch ist im Zweifelsfalle derjenige dran, der seinen Wilhelm da runtersetzt oder seinen heiligen Wilhelm.«

Johannes biß in sein Brot, als wollte er den alten Zyniker mit Harzergestank herausfordern:

»Das ist ja Betrug. Und Gott macht das mit?«

»Guck mal Johannes-Schätzchen, die Menschen brauchen tröstende Worte, Zuspruch in allen möglichen Lebenslagen. Hier habe ich zum Beispiel den Brief von einem italienischen Politiker, der für die Mafia arbeitet und dem lieben Gott anbietet, ihm eine schöne, große Kirche zu bauen, falls er ihn aus dem Gefängnis befreit. Und hier einen von einem kleinen Jungen, einem Einzelkind, der sich unbedingt ein Schwesterchen wünscht. Falls Gott ihm seinen Wunsch erfüllt, verspricht er, sich auch jeden Abend die Zähne zu putzen. Nun weiß ich zufällig, daß sein Vater inzwischen impotent geworden ist. Was soll ich da machen? Soll ich seiner Mutter raten, fremdzugehen? Hier habe ich einen ganz langen Brief von einer jungen Frau, die Stripperin in einem Nachtclub werden will, aber krumme Beine hat. Und hier habe ich eine Postkarte, da steht nur drauf: Sehr geehrter lieber Gott, ich brauche ganz schnell fünftausend Mark. Und er sagt nicht mal wofür. Du ahnst ja nicht, was die Leute alles haben wollen.«

»Und was antwortest du?«

»Das ist eine Kunst, die mir der Alte liebend gerne überläßt.«

»Was hast du zum Beispiel der krummbeinigen Frau geantwortet, die Tänzerin werden will?«

Luzifer zwängte seine Halbbrille auf die große Nase und überflog den Brief.

»Ich habe ihr folgendes geschrieben: Sehr geehrtes Fräulein, daß Sie sich an Uns wenden, ehrt Uns, denn es beweist, daß Sie noch an Uns glauben. Aber die Tatsache, daß Sie fromm sind, kann Uns keineswegs glücklich machen, denn wie kann eine junge, gläubige Person wie Sie den Wunsch haben, in einem Nachtlokal sich hüllenlos den Blicken fremder Männer preisgeben zu wollen? Sie wünschen sich schöne Beine, das verstehen Wir sehr gut, aber Wunder können Wir leider nicht mehr bewirken oder in Auftrag geben. Wenn Wir eine Empfehlung aussprechen dürfen, dann vielleicht die, Ihre nicht besonders gelungenen Extremitäten nicht nur als gegeben hinzunehmen, sondern vielmehr als Herausforderung. Mängel oder Behinderungen sollten immer auch als Ansporn begriffen werden, sich auf einem anderen Gebiet zu vervollkommnen. Welches das in Ihrem Falle ist, können Wir von hier aus kaum beurteilen. Mit himmlischen Grüßen, Ihr Gottvater.«

Während Luzifer diese Passage vorlas, trat

der alte Herr durch die Tür und blieb wie ange-
wurzelt stehen. Weder Luzifer noch Johannes
bemerkten ihn, weil der große Aktenschrank
den Blick auf ihn verdeckte.

»Das hast du wirklich geschrieben? Was bist
du nur für ein menschenverachtendes Mon-
strum. Ich schäme mich für dich«, sagte
Johannes.

Luzifer lachte:

»Wieso ist das menschenverachtend? Es ist
eine Wahrheit, daß Defekte ein Antrieb sind.
Oder besser gesagt, sein können. Beschädigt
sind wir alle, das ist nichts Besonderes oder
Schreckliches, aber unsere Aufgabe besteht
darin, etwas daraus zu machen. Selbst Neuro-
sen, Krankheiten und Armut können wie Pfer-
destärken unter der Motorhaube wirken. Wer
alles hat, ist vollkommen und deshalb langweilig. Defekte spornen an.«

»Du meinst, klug werden kann man nur,
wenn man irgendeine Macke hat?«

»Klar. Und sie vor allem akzeptiert, um dann
Kräfte zu entwickeln, sie an anderer Stelle auszu-
gleichen. Was denkst du, warum kleine Menschen oft sehr ehrgeizig und erfolgreich werden?
Warum wurde Toulouse-Lautrec, der ein häßli-
cher Zwerg war, ein großer Maler? Warum hat
Bach seine schönsten Oratorien, die Gott so liebt,
erst komponiert, nachdem er blind war? Und
Leonardo da Vinci seine berühmten Bilder erst

gemalt hat, nachdem er merkte, daß er schwul war und sogar deswegen vor Gericht kam. Aber ein Leben lang seine wahren Triebe nicht ausleben konnte, weil seine Auftraggeber Päpste waren.«

»Gott hat also das Unglück geschaffen, damit die Menschen nicht einschlafen?«

»Ob Gott das absichtlich so gemacht hat, oder ob ihm da Konstruktionsfehler unabsichtlich unterlaufen sind, kann ich nicht beurteilen, auf jeden Fall ist die Wirkung gewaltig. Glück, Wohlstand und Zufriedenheit sind Sand im Getriebe.«

Der alte Herr, der alles mitgehört hatte, konnte dem nicht mehr schweigend zuhören, trat hinter dem Schrank hervor und sagte zu Johannes:

»Du darfst das nicht so wörtlich nehmen. Luzifer fehlt der Sinn für Mitleid, deshalb redet er so hart und teilnahmslos über das Unglück in der Welt.«

»Ich bin, im Gegensatz zu Dir, nur ein biß-chen realistischer«, verteidigte sich Luzifer, »ich kenne die Menschen. Ich habe sie zwar nicht gemacht und bin demzufolge auch nicht verant-wortlich für das, was da unten auf der Erde so passiert, aber ich mag die Menschen trotzdem irgendwie. Ich verachte sie in ihrer jämmerli-chen Hilflosigkeit, aber liebe sie, wenn sie sich aufbäumen und über sich hinauswachsen. Auch wenn es dabei gegen dich geht.«

Johannes stand da und bekam den Mund nicht wieder zu. Daß jemand so respektlos mit Gott reden konnte, hätte er nicht für möglich gehalten.

»Ich denke«, sagte Gott, »Johannes muß jetzt ins Bett. Es ist schon ziemlich spät. Johannes, sei ein lieber Junge, wasch dich und dann ab.«

»Ich finde, der Junge sollte ruhig auch mal eine andere Meinung hören als immer nur Deine. Er ist alt genug. Ich habe ihm eben gesagt, daß ich die Bittbriefe beantworte und Du sie lediglich unterzeichnest. Dabei bin ich nicht mal sicher, ob Du sie auch alle durchliest.«

»Du weißt, daß ich dir die Verantwortung für die Post übertragen habe und dich nicht kontrolliere. Ich hoffe, du verstehst das zu würdigen.«

»Ich bin überhaupt nicht müde«, protestierte Johannes in einem weinerlichen Ton, dem Gott sich nie verschließen konnte, »warum soll ich also jetzt schon ins Bett?«

Gott ließ sich überzeugen, so durfte der Junge also bleiben.

»Das Problem ist doch«, fuhr Luzifer fort, »daß wir Hoffnungen erwecken, wir könnten am Zustand der Welt oder am Elend der Menschen irgend etwas wirklich verändern. Wir tun so, als hätten wir die Macht, Menschen aus Krankheit, Armut, Unglück oder Tod zu befreien.«

Luzifer erregte sich, nahm einen Kugelschreiber vom Tisch und warf ihn in die Luft.

»Eben noch alt, schwach, krank, arm, aber jetzt kommt, durch ein Gebet angelockt, der alte liebe Gott mit seinem Zauberkasten, hip hopp und das Wunder ist vollbracht. Alles ist mit einem Knall gut und schön. Das ist es, was die Leute von uns erwarten. Lieber Gott, schick mir doch eben mal fünftausend Mark. Lieber Gott, wenn es Dich wirklich gibt, warum läßt Du zu, daß ich jedes Frühjahr Heuschnupfen bekomme, wo ich doch im Kirchenchor singe. Und wenn wir nicht zu Diensten stehen, verfluchen uns die Leute. Dann werden sie Atheisten, Kommunisten oder ignorieren die Religionen, weil sie doch nichts bringen.«

Der alte Herr kannte diese Tiraden Luzifers, die ließ er immer los, wenn er überarbeitet und gefrustet war durch die Berge der Post vom Planeten Erde. Und den meisten lag nicht einmal eine Marke für das Antwortschreiben bei. Gott griff nach einem Brief, der oben lag, versuchte vergeblich, die Krakelschrift zu entziffern und legte ihn gleich wieder weg. Johannes, der genau zugehört hatte, war empört:

»Wenn das wirklich so ist, warum tut ihr denn nichts? Warum macht ihr die Menschen nicht einfach glücklich und zufrieden? Ist das nicht in Gottes Plan? Wollt ihr nicht oder . . . «

Er zögerte. Luzifer sprach den Satz zu Ende:

» . . . oder könnt ihr nicht?«

Er grinste: »Kinder verlangen, daß Papi und

35

Mami alles für sie tun, um ihnen die Risiken des Lebens abzunehmen. Erwachsenwerden aber heißt, seine eigenen Kräfte erkennen und Glück schließlich selbst herstellen. Die wichtigsten Dinge, die ein Mensch lernen muß, kann kein anderer ihm beibringen, keiner.«

Johannes fühlte, daß Luzifer ihn offensichtlich für ein dummes Kind hielt, deshalb wandte er sich an den Alten:

»Ist das wirklich wahr, daß Du nichts für die Menschen tun kannst und sie in ihrem Unglück läßt?«

»Ach, du lieber Gott«, seufzte der alte Herr. Eine selbstironische Formulierung, die er stets benutzte, wenn er sich über Platitüden amüsierte. »Du hast wieder so dumme Tippfehler gemacht, Luzifer«, lenkte Gott ab. »Du konzentrierst dich nicht richtig auf deine Arbeit. Und sieh mal, Johannes, was du mit deinem Käsebrot angestellt hast. Der halbe Harzer klebt an Luzifers Hose, und der merkt es noch nicht einmal. So abgehoben ist er. Wie oft habe ich euch gepredigt, seid achtsam, seid achtsam. Die Antworten auf die großen Fragen liegen in den kleinen Dingen. Wer die nicht achtet, bekommt nie irgendeine brauchbare Antwort.«

Als Luzifer das klebrige Gelb von seinem Hosenboden abzuwischen versuchte und Johannes sich für die Unachtsamkeit entschuldigte, erhob sich der alte Herr und verließ den Raum.

In der Tür drehte er sich noch einmal um: »Habe ich dir eigentlich schon mal gesagt, daß ich all deine Briefe wirklich gelesen habe?«

»Ja, wirklich? Vielen Dank. Und bist du zufrieden mit dem, was ich da so geantwortet habe?«

»Ich habe deine Briefe bündeln und nach dem Alphabet ordnen lassen. Sie liegen alle noch auf dem Dachboden.«

»Soll das heißen, Du hast sie nie abschicken lassen? Und ich hab all die Jahre umsonst geschrieben?«

»Umsonst? Keineswegs. Hast du bei deiner Arbeit nicht viel für dich selbst gelernt? Außerdem bekommt jeder Verstorbene, der hier oben eintrifft, seine alten Bittbriefe ausgehändigt, die er einmal an Uns geschickt hat. Und deine Antwortbriefe natürlich auch. Ich denke, die meisten Menschen verstehen erst, wenn sie hier oben sind, die Wahrheiten, die du ihnen mitteilen wolltest. Und wenn sie vorher schon wissend waren, dann waren deine weisen Ratschläge ja sowieso überflüssig. Auf jeden Fall gibt es immer ein großes Gelächter, wenn die von ihrer Reise durch den Tod hier im Himmel ankommen und lesen, welch Unsinniges oder Unmögliches sie sich auf der Erde gewünscht haben.«

Der alte Herr drehte sich um und verschwand in Richtung Küche.

Luzifer und Johannes blickten ihm nach, hörten, wie seine Pantoffeln auf dem Holzfußboden schlurften und wie er zur Köchin, die ihm auf halbem Wege begegnete, sagte:

»Hast du mein schnurloses Telefon irgendwo gefunden?«

»Ja«, antwortete die alte Frau, »es lag im Kühlschrank neben der Mousse au chocolat. Sie haben schon wieder genascht, als Sie beim Telefonieren waren, nicht wahr? Sie lassen auch wirklich alles liegen.«

»Und wer war am anderen Ende der Leitung? Hast du mal reingehört?«

»Ich weiß nicht. Es hat gepiept, und eine Stimme hat immer wieder gesagt: ›Zu diesem Anschluß besteht zur Zeit keine Funkverbindung.‹ Na ja, das kennt man, auf das Telefon ist kein Verlaß. Es geht nichts über die gute, alte Briefpost. Finden Sie nicht?«

»Da hast du wirklich recht«, antwortete Gott und schob sich einen Rollmops in den Mund.

Das Leben ist eine Banane.
Oder doch nicht?

ch habe immer einen regelmäßigen Stuhlgang gehabt«, dachte der alte Herr, der mit der Morgenzeitung auf dem stillen Örtchen saß. »Ich war nie ernsthaft krank, aber jetzt fühle ich mich müde, gelangweilt und traurig.«

Er wußte nicht warum. »Früher hatte ich meine besten, originellsten Ideen hier, wo mich keiner stört, ich aus dem Fenster blicken kann und den Garten sehe, mal mit Schnee, mal in praller Sonne, mal in dichtem Nebel, so daß ich nicht einmal die Hecke und die große Kastanie sehen kann, die das kleine Rasenstück und das Blumenbeet begrenzen. Irgendwie habe ich die Veränderungen der Jahreszeiten genossen.

Meine Laune war natürlich auch vom Wetter abhängig. Sicher, wenn es draußen noch dunkel war, obgleich es schon halb acht war, hatte ich manchmal den düsteren Gedanken: warum jeden Morgen wieder aufstehen, frühstücken, den Tagesablauf vom Tag zuvor wiederholen bis in alle Einzelheiten, aus derselben Teetasse dieselbe Kräutermischung trinken, dieselben Fragen der Köchin ertragen. Und im Fernsehen laufen auch nur noch Wiederholungen. Immer dasselbe, endlos, wahrscheinlich ewig. Das wird nie aufhören.«

Ein schrecklicher Gedanke. Manchmal wünschte er sich irgend etwas Aufregendes, Neues, was den dumpfen Rhythmus störte, eine Bombendrohung, den Ausbruch eines Feuers, das Uriel in seinem Labor bei seinen Versuchen entfacht oder wenigstens einen Wasserschaden in der Küche, daß Luzifer von der Leiter stürzt und laut um Hilfe ruft. Nein, natürlich wünschte er das nicht. Er war kein Sadist, Zyniker oder jemand, der Schadenfreude genießen könnte. Außerdem hätte all das nur Ärger und Streß bedeutet, Warten auf Handwerker, Feuerwehr oder Notarzt, dazu noch Dreck und Durcheinander. Nein, er war ein alter Herr, der nichts so liebte wie Frieden und Beschaulichkeit, die sogar ein bißchen spießig und biedermeierlich sein durften. Wie schön und tröstlich empfand er es manchmal, daß seine chinesische Teetasse immer am selben Platz in der Küchenvitrine stand, und die Köchin ihn fragte, was er denn heute mittag essen wollte, oder daß im Fernsehen »Die Marx Brothers in der Oper« zum hundertsten Male wiederholt wurden. Was ihm solch ein Gefühl von Sinnlosigkeit gab, war nicht das, was immer da war, was sich immer wiederholte wie ein Blumenmuster auf der Tapete. Das war eher ein Halt. Nein, was ihn schmerzte war das, was nicht da war, was er vermißte, oft ohne darüber nachzudenken und manchmal auch, ohne es richtig zu bemerken.

»Wenn jemand für stark und selbstsicher gehalten wird«, dachte er, »und alle auf ihn blicken, in der Hoffnung auf Verständnis, Zuspruch und Hilfe, dann darf man sich keine Schwächen leisten.«

Wie oft hätte er weinen und irgendeinen Engel bitten können: ich brauche dich, ich brauche deine Hilfe. Aber dann tat er es doch nicht.

Wie oft wollte er beten. Welch absurde, unsinnige Vorstellung. Zu wem hätte er denn beten sollen?

Er selbst war Gott und alle Welt richtete ihre Hoffnung auf ihn. Ein hilfloser Gott, unter dem nagenden Gefühl der Sinnlosigkeit, ein Gott, der Angst hat. »Das wäre ein Skandal. Das wäre mein Ende. Wer sollte noch an mich glauben?« dachte er.

So setzte er sich auf das Bänkchen unter den

Birnbaum und hörte dem morgendlichen Zwitschern der Vögel zu, das immer etwas Scharfes, Penetrantes hatte und ganz anders klang als das sanfte Singen am Abend. Irgendwie tat es weh. Es klang immer wie ein Schrei, der nichts aussagen soll als: ich bin da, ich bin immer noch da, ich lebe.

»Was bei den gefiederten Brüdern das schrille Zirpen früh um sechs, ist bei den Männern auf der Erde die Morgenerektion«, dachte er. »Ein freches Imponiergehabe.«

Der obszöne Vergleich erheiterte ihn ein Momentchen. »Das Leben lebt sich, unbewußt und ewig um sich selbst kreisend. Immer nur mit dem einen Ziel: es darf nicht aufhören. Niemals.«

Den letzten Satz sprach er laut vor sich hin und wiederholte: »Niemals.«

Ein Spatz, der nur noch ein Bein hatte, hüpfte auf den Platz neben ihm auf der Bank und wollte gefüttert werden. Gott hatte keinen Brotkrumen in der Tasche, auch verstand er nicht, wie Franz von Assisi, die Sprache der Vögel. Nachdem der kleine Bursche lange auf ihn eingeredet hatte, flog er enttäuscht davon, und Gott fühlte sich noch hilfloser.

»Ich bin ein Versager, ein Feigling. Warum gehe ich nicht einfach hin und sage: Hört auf, mich zu vergöttern, nehmt eure Leben selbst in die Hand. Ihr könnt das wahrscheinlich besser als ihr glaubt. Ich kann nichts tun für euch. Leider.«

Die Engel, die an ihm vorbeihuschten, um sich an ihre Arbeit zu machen im Garten, im Keller, in der Werkstatt, einige, um das Dach zu reparieren, weil es ständig durchregnete, andere, um Gartenzaun und Straße auszubessern, grüßten ihn respektvoll, wie man einen Chef grüßt in der Hoffnung, ihm durch Fleiß und Gehorsam aufzufallen. Natürlich grüßte er jeden von ihnen freundlich zurück, mit einer Handbewegung, einem Lächeln oder einer netten Aufmunterung. In Wahrheit taten sie ihm leid. Tag für Tag mußten sie früh aufstehen und zur Arbeit gehen, die eigentlich immer dieselbe war. Trotzdem sangen sie manchmal beim Sägen, Hämmern, Bohren, und sogar der kleine Engel, der den Preßlufthammer bediente und dessen Dröhnen pausenlos ausgesetzt war, so daß seine Hände und Arme heftig mitvibrierten, so als gehörten sie nicht zu seinem Körper, sondern zu der Maschine, lachte und rief seinem Kollegen auf dem Dach zu:

»Das ist Musik, was! Schade, daß ihr alle so unmusikalisch seid.«

Gott blickte zum Dach hinauf, auf dessen First einer der Engel stand – freihändig – und aus einem Korb, der mit dem Flaschenzug nach oben kam, ein Paket roter Ziegel nahm, während er an einer Zigarette zog und den blauen Dunst in die Luft paffte.

43

»Ja, ja«, hörte der alte Herr eine ihm wohlvertraute Stimme ganz dicht neben ihm, »Arbeit ist das beste Medikament gegen Depression.«

Noch bevor Gott antworten konnte, um zu lügen, er hätte keine Depression und hätte sowas auch niemals gehabt, sagte Luzifer, der sich nur kurz gesetzt hatte:

»Grübeln ist wie Tiefseetauchen. Man muß aufpassen, daß man nicht in den Schlingpflanzen hängenbleibt und nie wieder nach oben an die Sonne kommt.« Er erhob sich. »Ich muß eben noch was holen. Entschuldige.«

Damit war er auch schon wieder verschwunden und der alte Herr allein wie zuvor.

Doch nach ein paar Minuten kam er mit einer Tüte zurück, die voll Brotkrumen war. Sofort flog eine Schar Spatzen heran, und er fütterte sie. Als der kleine Krüppel erschien, der sich mit ungeschickten Flügelschlägen mühsam auf einem Bein hielt, reichte Luzifer dem Alten die Tüte: »Dein Freund hat Hunger.«

Luzifer betrachtete Gott, wie er liebevoll dem Behinderten zu essen gab.

»Das Schlimmste, was dir passieren konnte in all diesen Jahren, in denen es dich schon gibt und mich natürlich auch, ist«, sagte er, »daß du zwar unsterblich bist, aber allmählich ein Mensch geworden bist. Ein unsterblicher Mensch. Es fehlt nur noch, daß du dich verliebst. Aber hoffentlich nur in einen Spatzen.

Die Liebe Gottes soll ja angeblich den Bedürftigsten am ehesten zukommen, nicht?«

»Die Menschen sterben und werden wieder geboren. Ich könnte sie darum beneiden. Eine Chance zu ewiger Veränderung«, seufzte der Alte.

»Aber wer nutzt sie schon, die meisten sind ja bereits mit *einem* Leben völlig überfordert. Vielleicht wird auch das ewige Wiedergeborenwerden auf Dauer langweilig. Der greise Gandhi hat gesagt: Mein größter Wunsch ist, nicht noch einmal geboren zu werden. Kann ich gut verstehen. Nicht nur in Anbetracht des indischen Klimas. Fünfzig Grad im Schatten. Grauenvoll.«

»Weißt du, Luzi, manchmal denke ich, wir sollten mal unsere Rollen tauschen. Du übernimmst meine Rolle und ich deine. Jedenfalls für eine gewisse Zeit, sagen wir, für die Jahrtausendwende, diese für den Planeten Erde so dramatische Epoche. Ich fühle mich zur Zeit nicht besonders stark.«

Luzifer nahm dem alten Herrn die Tüte wieder aus der Hand, zerknüllte sie, denn sie war leer.

»Glaubst Du, ich könnte irgend etwas besser machen als Du?«

»Aber du kennst die Menschen intimer als ich. Dir gegenüber verstellen sie sich nicht so, weil sie glauben, du seist die Versuchung zum Bösen und demgegenüber ist man immer begieriger als den moralischen Forderungen eines Gottes.«

»Du wirst geliebt, vielleicht nicht mehr so wie früher, aber immerhin mehr als ich. Denk mal an die Gute-Nacht-Gebete der unschuldigen Kindlein auf der ganzen Erde, die immer mit der Anrede anfangen: Lieber Gott.«

»Aber dann folgen sofort irgendwelche Wünsche und Bitten, die ich erfüllen soll. Ich werde zu einem Automaten degradiert. Oben wirft man ein Gebet hinein, und unten kommt dann das Gewünschte heraus. Und das auch noch in einem vernünftigen Preis-Leistungs-Verhältnis. Ich bin kein Instrument der Marktwirtschaft. Auch ich habe Anspruch auf Liebe.«

Luzifer betrachtete den alten Herrn, dessen Blick nach oben ging in den blauen Vormittagshimmel, so als wäre da irgendeine Lösung versteckt.

»Du bist wirklich ein Mensch geworden. Schade, daß die Menschen das nicht bemerken. Sie glauben immer noch an eine unerreichbare Instanz hoch oben irgendwo im Himmel auf einem Thron und mit einem goldenen Telefon, durch das der Gütige, Allwissende seine Anordnungen nach unten weitergibt. An den Papst, die Mullahs oder an die Chefs der christlichen Parteien.«

Beide saßen lange zusammen, ohne etwas zu sagen. Gott, weil er wußte, daß es für sein Problem keine Lösung gab, und Luzifer, weil er solche Gespräche schon oft mit dem alten Herrn geführt hatte, und weil seine Erfahrung ihm sagte, daß solche Sinnkrisen eine Sache der Zeit waren und auch immer wieder vergingen. Jede Wahrheit wäre in diesem Moment fehl am Platze gewesen. So erzählte er Gott eine seiner liebsten Schnurren.

»Es war einmal eine sehr reiche Amerikanerin, die unbedingt einen berühmten Guru um Rat fragen wollte, was der Sinn des Lebens sei. Es dauerte Monate, bis sie herausfand, in welcher Höhle Indiens er lebte. Sie machte sich also zu einer anstrengenden Expedition auf, sie mußte Flüsse und Wälder durchqueren, Berge erklettern, Schlangen und Tiger bekämpfen. Für eine alte Frau wirklich lebensgefährlich. Schließlich kam sie völlig erschöpft, aber immer noch voll Neugier bei dem Guru an und fragte atemlos: ›Was ist das Leben?‹ Der Alte dachte lange nach, bis er schließlich sagte: ›Das Leben? Es ist eine Banane!‹

Erschrocken fragte sie zurück: ›Ist das wahr? Eine Banane?‹

›Na gut‹, meinte der weise Mann gelassen, ›dann eben keine Banane‹, stand auf und ging hinunter zum Fluß, um zu baden.«

Gott, der die ganze Zeit seinen Blick auf die fernen Wolken gerichtet hatte, so als wäre sein Geist gar nicht anwesend, brauchte ein paar

Sekunden, bis er anfing zu grinsen, dann zu glucksen. Jetzt lachten beide und fielen sich wie von selbst in die Arme.

»Ich denke«, meinte Gott, »wir werden doch nicht tauschen.«

»Nicht mal für eine gewisse Zeit?«

»Nein, das meiste machen wir doch sowieso zusammen, oder nicht?«

Kinder hassen die, die ihre Wünsche erfüllen?

Ich habe heute Besuch gehabt, von der Erde«, sagte Gott, lehnte die Harke an die Buchsbaumhecke und setzte sich aufs Gartenbänkchen.

»Na und, was ist daran so Besonderes. War es etwa der Papst?« wollte der naseweise Johannes wissen.

»Nein, der ist noch nie hier raufgekommen«, antwortete Gott, »es war ein heiterer Besuch. Jedenfalls hat er mich amüsiert.«

»Warum kommt der Papst eigentlich nie? Hat der keine Zeit oder will er nicht? Er ist doch Dein Stellvertreter und hätte sicher einen Rat nötig, oder meinst Du nicht?«

»Setz dich mal neben mich, Johannes«, sagte Gott und rückte ein bißchen zur Seite.

»Der Papst ist ein hohes Tier, weißt du, und hat natürlich seine Berührungsängste mit denjenigen, die ihn in seiner Autorität erschüttern könnten.«

»Aber Du bist doch Gott!«

Der Alte lachte: »Ja, sicher, aber wie du weißt, habe ich mich vor vielen tausend Jahren schon zurückgezogen und will mich auch in den Kram da unten nicht mehr einmischen. Inzwischen haben sich die Verhältnisse verselbständigt. Und ich habe schlechte Erfahrungen gemacht mit der Erde und den Menschen. Ich finde, sie müssen jetzt ihre Sachen alleine machen. Es ist wie mit Kindern, wenn man sie liebt, muß man sie laufen lassen, irgendwann, wenn sie alt genug sind.«

»Du meinst, man darf sich nicht zu viel um sie kümmern, damit sie selbständig werden?«

»Kinder hassen denjenigen, der ihm alle Wünsche erfüllt. Schau mal, ich habe den Menschen die Erde geschenkt und . . . «

»Du hast sie geschaffen und ihnen das Leben geschenkt«, unterbrach Johannes.

». . . und ich habe ihnen alle Möglichkeiten geboten, Arme gemacht und Beine, ein einigermaßen gut durchorganisiertes Nervensystem mit einem, na ja, sagen wir mal mittelgroßen Gehirn. Für menschliche Bedürfnisse auf einem so winzigen Planeten dritter Ordnung, denke ich, wohl vorläufig ausreichend.«

»Und was ist der Dank?«

»Den erwarte ich gar nicht. Ich erwarte . . . «

»...daß die Menschen ihr Gehirn auch gebrauchen?«

»Das tun sie ja. Das ist nicht das Problem. Was meinst du, was für Intelligenzmonstren auf der Erde rumlaufen und ihr Unwesen treiben. Was die alles entdeckt und erfunden haben. Und das in relativ kurzer Zeit. Sie sind ja noch Säuglinge im All, wenn man bedenkt, daß ich sie erst vor so ungefähr hunderttausend Jahren auf der Erde ausgesetzt habe. Nein, die Kapazität der Großhirnrinde ist ausreichend für den jetzigen Stand der Evolution da unten. Ich erwarte nichts vom Menschen, gar nichts!«

»Du erwartest nichts?« hauchte ein kleines Engelchen, das Gottes letzte Worte aufgeschnappt hatte, und sich neben den alten Herrn auf die Bank klemmte. »Von mir auch nicht?« Es schmiegte seinen Lockenkopf an die Schulter des Alten, der aber naserümpfend das Gesicht verzog: »Ich habe dir schon tausendmal gesagt, daß du nichts von meinem Parfüm klauen darfst. Dieser besondere Duft ist nun wirklich das einzige, was ich mir an Luxus hier erlaube. Und zwar nur ich allein!«

Die Kleine zog ihren Kopf von der Schulter des Herrn zurück und blickte schamvoll auf den Boden.

»Ich dachte...«

»Das ist schon der Fehler. Du sollst nicht denken«, tadelte Johannes.

»Johannes!« fauchte Gott streng, »halt dich da bitte raus. Von dir«, wandte er sich der Kleinen wieder zu, »erwarte ich viel, daß du ein kluger, selbständiger Engel wirst. Wie errechnet man den Durchmesser eines Heiligenscheines? Wie hieß Moses mit Vornamen? Was macht der Wind, wenn er nicht bläst? Na?«

Gott lachte: »So, jetzt geh und mach deine Schulaufgaben.«

Das Lockenköpfchen trollte sich.

»Nettes Mädchen, nicht?« Gott sah ihr nach. »Wir kommen immer von Hölzchen auf Stöckchen – aber ich liebe Assoziationen.«

»Was? Assozonisation?«

»Assoziationen. Das sind, wenn ich ein Mensch wäre, würde ich sagen, göttliche Gedankensprünge. Das heißt, wenn dir etwas einfällt, dann kommt irgendwie ganz von selbst ein Gedanke oder eine Vorstellung hinzu, die zu dem, was du gerade gedacht hast, unbedingt dazugehört. Stell dir vor, du gehst an deine alte Spielzeugtruhe und siehst den Arm einer Puppe, der da rausguckt. Nur ein Arm, denkst du. Aber dann ziehst du ein bißchen dran und machst den Deckel auf. Ah! Da ist ja die ganze Puppe. Und was da noch alles drin ist in der Kiste! Sachen, die du längst vergessen hast: Bimbo, der Plüschelefant, ohne den du nicht einschlafen konntest, und die Holzeisenbahn, die der Bruder dir immer wegnehmen wollte.

Mit einem Mal erlebst du deine Kindheit wieder. Mutter, Vater und . . . «

»Und Gott auch?«

»Das Große steckt im Kleinen, und im Kleinen steckst du selbst. Du fühlst, du bist ein Teil von allem. Wenn du das begreifst, ist mit einem Mal die Einsamkeit weg. Schön ist das.«

»Hattest du eine schöne Kindheit?« fragte Johannes sah den alten Herrn an und dachte: wie alt er ist, aber seine Augen blitzen noch ganz hell.

Gott bemerkte, daß er genau beobachtet wurde und blickte deshalb am Kopf des Jungen vorbei in die Ferne und sagte leise:

»Noch bevor ich die Erde gemacht habe, da hab ich eine große Dummheit begangen. Ich habe, weißt du«, Gott machte eine lange Pause, zog ein Tempotuch aus der Tasche, entfaltete es und wischte sich die Stirn damit ab, »ich habe eine Psychoanalyse gemacht. Viele Jahre habe ich auf der Couch gelegen und alles aus mir rausgelassen: meine heimlichen Wünsche, meine Träume, meine frühkindlichen Sexualphantasien, meine Omnipotenz-Obsessionen. Frag jetzt bitte nicht, was das ist, ja? Da hab ich gelernt, was assoziieren heißt. Was fällt Ihnen zu Pippimann, Baldrian oder Scharlatan ein, fragt der Analytiker und dann darfst du was erzählen. Am Anfang mußt du noch richtig drücken. Du genierst dich natürlich auch, das Innerste nach außen zu kehren. Aber dann geht's irgendwie von alleine und macht sogar Spaß. Jedenfalls befreit es. Am Kopfende der Couch sitzt der Psychoanalytiker, und der hört ganz genau zu. Dem entgeht nichts, der hat ein Gedächtnis, beängstigend. Der vergißt nie etwas. Nie. Du mußt aufpassen, daß du dich nicht auslieferst und abhängig machst von ihm.«

»So ein Gedächtnis wie Luzifer? Ist der auch ein Psycho Anna Lyriker?« fragte Johannes.

In diesem Augenblick kam Luzifer. Er hatte gerade Äpfel im Garten gepflückt und biß herzhaft in einen ganz besonders roten, daß es knackte. »Ach«, sagte er, »ihr redet gerade über mich. Wenn man vom Teufel spricht...« Er grinste Johannes an und wandte sich dann dem alten Herrn zu:

»Ich finde es nicht fair, Geheimnisse aus der Schule zu plaudern. Ich meine, ganz besonders nicht aus der Freudschen Schule. Und was das gute Gedächtnis angeht, stimmt, ich vergesse nichts, aber ich mißbrauche mein Wissen auch nicht. Alles, was man mir erzählt, ist hier oben drin. Unauslöschlich. Da kommt es nie wieder raus.« Er klopfte mit dem angebissenen Apfel an seine rechte Schläfe. »Jedenfalls nicht, solange jemand noch lebt, aber du bist ja unsterblich – Gott sei es geklagt.«

Johannes und Gott saßen da und waren wie versteinert. Als Luzifer hinter dem Haus verschwunden war, faßte sich der Junge und sagte: »Heißt das, Du hast eine Anneliese mit ihm gemacht, ich meine, ihm hast Du alles gebeichtet?«

»Ja. Er hat einen teuflisch scharfen, analytischen Verstand. Und ich glaube, auch viel Phantasie, und er kann Gedanken erraten. Er kann mit dem Herzen denken.«

»Aber er kann furchtbar frech sein, so wie eben.«

»Er ist ein Zyniker, aber Zynismus hilft, die Welt so zu sehen, wie sie ist, nicht wie sie sein sollte. Und Illusionen sind leider meine große Schwäche.«

Gott nahm die Harke und wollte ins Haus zurückgehen. Johannes rief ihm nach:

»Aber Du wolltest doch eigentlich erzählen, von wem Du heute Besuch bekommen hast.«

»Ach ja, das stimmt. Heute nachmittag kam die Redakteurin einer Kirchenzeitung aus Köln, um mich zu interviewen. Und weißt du, was die von mir wissen wollte?«

»Nein!«

»Die hat mich gefragt, was ich denn von Eugen Drewermann halte und von der Psychologisierung der Heiligen Schrift. Und weißt du, was ich geantwortet habe?«

Gott grinste und tippte dem kleinen Johannes auf die Nase.

»Daß Du selber eine Anneliese gemacht hast?«

»Bist du verrückt, das natürlich nicht. Darüber spricht man nicht, da hat Luzi Ferrari ganz recht. Das ist allein unser Geheimnis, verstehst du? Nur unser Geheimnis. Ich habe sie gefragt, ob sie . . . «

» . . . ob sie assoziieren kann?«

»Ja«, lachte Gott, »genau.«

»Und was hat sie geantwortet?«

»Sie hat gesagt: ›Ich habe siebzehn Semester theologische Wissenschaft studiert. Exegese, wenn Sie verstehen, was ich damit meine. Das kann mir keiner nehmen, nicht mal Sie. Außerdem, dieser Sigmund Freud war Jude. Was versteht ein Jude von christlicher Theologie!‹ Da hab ich ihr gesagt: ›Sind Sie sicher, daß ich keiner bin?‹ Da hat sie vielleicht geguckt, ihren Block zugeklappt und ist abgedampft.«

In diesem Moment machte Erzengel Gabriel ein Fenster des Hauses auf, so daß Radiomusik in den Garten drang. Brahms' 1. Symphonie in c-moll. Gott drehte verzückt den Kopf in die Richtung, aus der die wundervolle Musik kam.

»Läßt du mich ein paar Minuten allein, bis der vierte Satz zu Ende ist?« bat er den kleinen Johannes.

»Willst Du jetzt assoziieren?« fragte er.

»Hm«, brummte der Alte, und es rann eine Träne über sein Gesicht. »Wenn du alt sein wirst, wirst du mich besser verstehen. Noch besser. Und jetzt geh, bitte.«

Hast du nie Angst in Deinem Leben gehabt?

ines Nachts hatte Johannes einen fürchterlichen, beklemmenden Traum. Er flog hoch über den Wolken und stürzte mit einem Male ab, nein, er wurde brutal hinuntergezogen von einem Engel mit schwarzen Flügeln, der ihn an der Gurgel packte, so daß er keine Luft mehr bekam. Die dunkle Gestalt zielte auf seinen Kopf mit einer Pistole und drückte ab, aber es erfolgte kein Schuß, nur ein leises Klicken. Dann verwandelte sich der dunkle Engel in ein Kind, das wild schrie: »Rette mich, ich habe solche Angst.« Johannes sah, wie es auf der Erde aufprallte und explodierte in einer Staubwolke, die aussah wie ein riesiger Pilz.

Als der Junge aufwachte, war es schon neun und zu spät für die Schule. So schlich er sich, ohne von jemandem bemerkt zu werden, in die Küche, um sein Frühstück aus der weiß emaillierten Blechbüchse, die unter dem Fenster stand, zu nehmen, obgleich ihm der Alptraum den Appetit verschlagen hatte. Er holte Apfel und Brot nur deshalb, um bei der Köchin, die gerne dem alten Herrn kleine Geheimnisse verpetzte, den Eindruck zu erwecken, er wäre tatsächlich zur Schule gegangen.

So versteckte er sich hinter dem Haus, wo er sich sicher fühlte.

Immer noch die düsteren Bilder der Nacht vor Augen, stand er an der Rückwand des verwinkelten Hauses und erleichterte in einer Nische den morgendlichen Druck seiner Blase.

»He! Du Ferkel«, riß ihn eine Stimme aus dem Halbschlaf, »was erlaubst du dir, einfach an meinem Labor dein Wasser abzuschlagen?«

Johannes blickte in das Gesicht eines Mannes, der seinen kurzgeschorenen Schädel aus einer Luke herausstreckte. Seine blauen Augen blitzten ihn durch eine winzige Brille, die die Pupillen noch vergrößerten, scharf an, so daß Johannes vor Angst und Scham stumm blieb und davonlief, die Betontreppe hinunter, eine stählerne Tür aufriß, um sich dahinter zu verstecken.

Doch er war dem Fremden direkt in die Arme

gelaufen. Der stand jetzt vor ihm und fauchte: »Jetzt brichst du auch noch hier ein, du bist ja ein ganz Unverschämter!«

Der Junge entschuldigte sich stotternd in seinem weinerlichen Ton, den Luzifer und Gott nur allzu gut kannten, und der selbst steinerne Herzen zum Schmelzen bringen konnte.

Der finstere Fremde schimpfte noch ein wenig in pausenlos sich wiederholenden Floskeln wie »unerhört«, »schamlos« und »zu meiner Zeit hätte ich so was nicht gewagt, mein Vater hätte mich halb tot geschlagen«.

Als er seine dampfende Wut abgelassen hatte, beruhigte er sich und sagte: »Hast du nicht gelesen, was an der Tür steht?«

Er zeigte auf die doppelte Stahltür, auf der mit weißer Farbe geschrieben stand »Out of bounds«. Er schlug sie mit einem gewaltigen Knall zu, und Johannes sah jetzt erst, daß er mitten in einer fremden Welt war, die nur spärlich mit Neonlicht beleuchtet war.

»Ich heiße Johannes«, stellte sich der Junge vor, »und ich bin der Lieblingsengel von Gott. Und wer bist du?«

Der Fremde verzog das Gesicht zu einer fast schmerzhaften Grimasse: »Der Lieblingsengel Gottes? Na, wie schön für dich.«

Er wandte sich ab und zischte leise zu sich selbst: »Ich bin ja hier nur noch die Kellerassel.«

»Ja, das ist auch schön für mich, aber heute

habe ich ein schlechtes Gewissen, weil ich nicht zur Schule bin. Und wer bist du?«

»Ich bin Konstrukteur und Erfinder. Ich bin zwar nicht Gottes Lieblingsengel«, er sagte das mit einem abfälligen Unterton und sah dabei den Jungen aus den Augenwinkeln an, »aber der einzige, der hier in diesem verkommenen Haus die Verantwortung für Sicherheit und Ordnung trägt.«

»Ich würde gerne wissen, wie du heißt!«

Der Fremde antwortete nicht, sondern führte Johannes zu einem riesigen Arbeitstisch, auf dem Meßgeräte, ein Stereo-Mikroskop, Gläser und Flaschen mit allerlei Flüssigkeiten standen. Er griff zu einem dicken, in braunes Leder gebundenen Fotoalbum, das er stolz öffnete.

»Das bin ich.«

Johannes sah das Bild eines Engels in Uniform, der mit einem Flammenwerfer bewaffnet war und vor einem eisernen Gittertor posierte. Unter dem Stahlhelm konnte man sein Gesicht nur undeutlich erkennen.

»Du warst das, der Adam und Eva aus dem Paradies rausgeschmissen hat?«

Der Erfinder freute sich, daß der Junge ihn erkannt hatte und nickte.

»Die Menschen, die ja damals noch halbe Tiere waren, mußten von ihren Freunden, den anderen Tieren getrennt werden, weil sie Vorschriften und Befehle nicht beachtet hatten.

Ungehorsam muß bestraft werden, nicht aus Rache, sondern um die Leute zur Vernunft zu bringen. Mit der ›Strafaktion Paradies‹, wie wir das damals nannten, begann die Zivilisation auf dem Planeten Erde, es wurden Städte und Fabriken gebaut, Staaten gegründet, politische Systeme entwickelt. Und vor allem war das der Anfang der Erziehung. Ordnungspolitik und Sicherheit sind ohne Bestrafung nicht möglich. Das war damals ein welthistorisches Ereignis, an dem ich mitwirken durfte, die erste ethnische Säuberung der Geschichte, sozusagen.«

Er blätterte weiter, und Johannes sah Bilder von Kreuzzügen, Kriegen, Bombardierungen, von historischen Steinschleudern, Schwertern, Panzern, aber auch ganz moderne Atomwaffen. Ein Kapitel hieß: Krieg der Sterne. Und überall war der Engel mit der runden Brille dabei, der sich als Konstrukteur und Erfinder vorgestellt hatte.

»An all diesen wundervollen Errungenschaften der Technik und Zivilisation habe ich wesentlich mitgearbeitet. Aber Undank ist des Himmels Lohn. Heute muß ich in diesem Keller meine Arbeit leisten, anstatt wie früher in aller Öffentlichkeit und Anerkennung.«

»Das sind doch keine wundervollen Errungenschaften«, entrüstete sich Johannes, »das sind Instrumente zum Morden.«

»Was heißt hier Morden. Mord ist ein Delikt,

das aus Eigennutz begangen wird, aus kleinen egoistischen Motiven, um Geld zu bekommen, fremden Besitz oder eine fremde Frau. Lächerliche Eifersuchtsdramen. So etwas verachte ich. Ich bin der Hüter der Gerechtigkeit, des Anstands und der Moral. Was ich tue, tue ich aus Pflicht gegenüber dem Gesetz.«

Johannes hatte so etwas noch nie gehört.

»Ohne mich würde die Welt in einem moralischen Sumpf umkommen, im Materialismus ersticken.«

Der Junge starrte den Fremden an, aber er war unfähig, etwas zu entgegnen.

»Natürlich, töten und getötet werden tut weh. Die Pflicht ist immer schmerzhaft. Aber anders kann niemand das höchste Opfer für die Freiheit bringen. Solche Werte sind ja heute nicht mehr gefragt, leider. Mit der abnehmenden Bereitschaft zum Töten nimmt auch der Wille zum eigenen Überleben ab. So ist das.«

Er griff in eine kleine Dose und nahm einen Bonbon heraus, den er zwischen seinen Zähnen zermalmte, daß es nur so krachte. Er reichte dem Jungen die Dose, aber der schüttelte nur den Kopf.

»Das ist nicht gut für die Zähne. Zucker macht Karies und nimmt dem Körper Vitamin B. Ich weiß immer noch nicht, wie du heißt.«

»Was spielt das schon für eine Rolle. Ich bin Uriel, das Feuer Gottes. Einer der sieben Erzengel.«

»Du bist ein Erzengel? Ich dachte, die sind alle gut. Aber du, du bist ja viel schlimmer als Luzifer, der Gott immer widerspricht.«

Jetzt lachte Uriel zum ersten Mal.

»Luzifer ist ein Intellektueller, und das sind Leute, die immer alles wissen, aber nichts tun. Und, wenn's drauf ankommt, mir die Verantwortung überlassen.«

»Du willst das Feuer Gottes sein? Aber Gott weiß doch gar nicht, daß du hier im Keller lebst und so schreckliche Sachen erfindest. Gott ist Pazifist.«

»Du bist ein naives Kind und wahrscheinlich zu lange in den oberen Etagen des Hauses verwöhnt worden. Glaubst du denn, dieses schöne Haus und den schönen Garten würde es überhaupt noch geben, wenn ich nicht aufrüsten würde zum Kampf gegen die Feinde?«

»Gegen welche Feinde denn? Wir haben doch keine.«

»Die Welt ist voller Feinde. Jeder kann ein Feind sein. Jeder. Und Feinde muß man hassen, sonst kann man nicht gegen sie kämpfen.«

»Wenn jeder ein Feind ist, dann bist du selbst ja auch einer?«

»Natürlich muß man auch gegen sich selbst wachsam sein. Jeder ist ein potentielles Sicherheitsrisiko, und deshalb darf man von den Regeln und Gesetzen, die unsere Ordnung garantieren, niemals abweichen«, sagte Uriel, und nach einem weiteren Bonbon, der in seinem Mund zerkrachte: »Du hast ganz recht, auch ich könnte ein Feind sein.«

»Aber wenn du auch ein Feind bist, dann haßt du dich doch selbst?«

Uriel schwieg. Er ging in seinem Labor auf und ab wie ein Lehrer, der gerade zu einem langen, unverständlichen Vortrag ansetzen will, aber Johannes bemerkte das und bohrte sofort nach: »Magst du dich denn gar nicht? Ich meine, liebst du dich nicht selbst, wenigstens ein bißchen?«

»Darüber habe ich noch nie nachgedacht. Aber ich bin sicher, ich mag mich nicht. Man darf sich selbst nicht lieben!«

»Und deine Eltern haben dich auch nicht geliebt?«

»Ich habe gehorchen gelernt, und das ist ja wohl wichtiger als alles andere. Gehorsam sein, das bedeutet gut sein und ungehorsam sein, bedeutet böse sein.«

»Hast du nie geweint, als du ein kleiner Junge warst?«

»Mein Vater war Kavallerist und hatte seine Reitpeitsche aus dem Krieg immer für mich bereit. Was meinst du, was das für ein Gefühl von Stolz ist, wenn man schließlich so weit ist, nichts mehr zu spüren, wenn man gezüchtigt wird?«

»Hast du schon mal jemanden getötet? Mit deinen eigenen Händen?«

Uriel antwortete nicht sofort, sondern klappte erst das Album zu, legte seine Hände darauf und betrachtete sie.

»Ich könnte das nicht, weißt du, weil mir sofort schlecht wird, wenn ich Blut sehe. Ich habe mal als Kind einen Hasen schlachten müssen, da ist mir so schwarz vor Augen geworden, daß ich umgefallen bin. Ich hab mich furchtbar geschämt und mich tagelang vor meinem Vater versteckt.«

Johannes ließ seinen Blick über den Laborraum gleiten. Was da alles herumstand. Modelle von Raketen, Bombern und Maschinengewehren. An den Wänden hingen Fotos, auf denen Uriel mit Generälen und lachenden Staatspräsidenten zu sehen war. Manche waren signiert: ›Meinem lieben Uriel in Verehrung.‹ Auf einem war er mit Adolf Hitler, auf einem anderen mit Josef Stalin, auf einem mit Nero, der eine brennende Fackel trug und mit dem ausgestreckten Arm auf die Stadt Rom zeigte. Auf einem war er mit einem alten Mann zu sehen, der einen goldenen Hut auf dem Kopf hatte. Darunter stand die Handschrift: ›Dem tüchtigen Uriel, der Uns in all den gerechten Kriegen des Glaubens, die Wir für Gott führen durften, so tatkräftig unterstützt hat.‹ Johannes konnte die Unterschrift Pius' entziffern, nicht aber die römische Zahl dahinter. Diese komplizierten Zeichen hatte er auf der Schule nie gelernt. Wozu auch, dachte

er. Bloß, um die verschiedenen alten Konzern-
chefs im Vatikan unterscheiden zu können, die
sich für unfehlbar hielten, was ja nicht mal der
alte Herr von sich behauptete.

»Hast du jemals Angst gehabt in deinem
Leben?« fragte der Kleine

»Nein, niemals«, antwortete Uriel sehr
bestimmt. »Angst ist ein verbotenes Gefühl. Wer
Angst hat, ist schwach, und wer schwach ist, der
taugt nicht für die harte Wirklichkeit.«

Der Junge bemerkte plötzlich, daß Uriel an
der linken Hand zwei Finger fehlten, eine Ver-
letzung, die er geschickt verbarg.

»Hast du einen Unfall gehabt?«

»Die sind bei einer Explosion verlorengegan-
gen.«

»Oh, du Armer, das hat bestimmt sehr weh
getan.«

»Schmerz ist auch ein verbotenes Gefühl.«

Johannes sah, wie Uriel sein Gesicht verzog
und plötzlich aussah wie ein kleines Kind, das
weint. Irgendwie tat er ihm leid. Er ist sicher
sehr einsam und tief drinnen tut ihm alles weh,
dachte er. Als er ihn so ansah, kam ihm sein
Traum in Erinnerung, und er erschrak, als er
eine gewisse Ähnlichkeit zwischen Uriel und
dem dunklen Engel zu erkennen meinte.

»Ich glaube«, sagte Johannes zögerlich, »ich
habe heute nacht von dir geträumt.«

»Ich träume nie. Wissenschaftler behaupten

zwar, daß wir jede Nacht träumen. Kann ja sein, aber ich behalte so etwas nicht, das belastet nur.« Er stand auf, indem er noch mal nach einem Bonbon griff.

»So, du mußt jetzt gehen. Ich hab noch viel zu tun. Die Pflicht ruft«, sagte Uriel ganz unvermittelt und brachte den Jungen zur Tür.

Als er wieder draußen im Garten war und die Mittagssonne auf seiner Haut spürte, das Rauschen der Blätter, das Zwitschern der Vögel hörte, traf er Luzifer, der einen Spaten auf der Schulter trug und gerade ins Haus zum Essen gehen wollte. Er hatte Johannes schon von weitem gesehen und blieb stehen:

»So, so. Du warst also in Uriels Keller, in der Tabuzone des Himmels. Laß das nur nicht den alten Herrn wissen.«

»Und warum nicht?«

»Der alte Herr hat es gar nicht gern, wenn man ihn daran erinnert, daß er nicht nur für das sogenannte Gute zuständig ist, sondern auch für das Gegenteil.«

»Ist Uriel der Teufel?«

»Könnte man vielleicht sagen.«

»Ich hab gedacht, den gibt es gar nicht.«

»Das ist ja gerade sein Trick, daß er uns weismachen will, daß es ihn eigentlich nicht gibt. Gott redet immerzu von sich, aber der Teufel versteckt sich und schweigt. Er will nicht, daß man etwas über ihn weiß. Er will ja nicht einmal selbst wissen, wer er ist, wie du wahrscheinlich bemerkt hast.«

»Aber warum hat Gott dem Uriel nicht längst gekündigt? Der wohnt doch hier nur zur Miete. Warum läßt er ihn so schlimme Dinge machen? Liebt Gott den Uriel etwa?«

»Da mußt du den alten Herrn fragen. Ich vermute, daß er ihn machen läßt, weil er vielleicht heimlich fürchtet, seine Phantasien von einer Welt in vollkommener Harmonie könnten Wirklichkeit werden. Aber lassen wir das.«

»Das verstehe ich nicht.«

»Du bist noch ein Kind. Und Kinder müssen nicht immer alles verstehen.«

»Verstehst du es denn?«

»Nein«, lachte Luzifer, »ich verstehe es auch nicht. Aber ich stelle auch nicht mehr solche Fragen.«

Als beide in der Küche ankamen, in der es köstlich nach Bohnensuppe roch, sagte die Köchin, indem sie zwei Teller auf den Tisch stellte:

»Johannes, du hast bestimmt großen Hunger nach so einem anstrengenden Tag in der Schule. Ihr habt doch heute eine Klausur geschrieben. Worüber denn?«

Noch bevor Johannes antworten oder etwas zurechtlügen konnte, meinte Luzifer:

»Er hat zwei wichtige Lektionen bekommen heute. Die eine über Politik und die andere über Religion.«

»Na dann«, sagte die Köchin, »hast du die doppelte Portion verdient«, und gab ihm reichlich.

Immer diese Talkshows,
muß das sein?

ott war ein wenig angetrunken nach Hause geschwankt. Er kam auf seltsame Grübeleien. Seltsam zumindest für einen Gott.

»Wenn ein Mensch stirbt«, dachte er, »verliert er alles, was er hat. Das letzte Hemd hat keine Taschen«, sprach er laut vor sich hin, zog die Schuhe aus und machte es sich auf dem viel zu kleinen Sofa so bequem wie möglich.

»Im Sarg«, dachte er, während er seine unbequeme Lage durch ein dickes Kissen mit der Aufschrift »Alle guten Wünsche zum Geburtstag von Deinem Lieblingsengel« ein wenig verbesserte, »im Sarg ist nur ein schmaler Platz für den abgemagerten Körper, der bei prominenten

Menschen ›sterbliche Überreste‹ genannt wird. Das impliziert eine unsterbliche Seele und sogar eine Wiedergeburt. Aber Unsterblichkeit wird auf dem Planeten Erde offenbar nur Mächtigen, also Königen, Präsidenten und im besten Fall noch Dichterfürsten zugestanden, denn, wenn einem Menschen aus dem sogenannten gemeinen Volk die Luft für immer wegbleibt, dann hinterläßt er nichts als eine Leiche. Und die verwest und wird zu Humus, von dem sich Bakterien, Pilze und Würmer ernähren. Das Leben geht weiter, es wechselt nur die Form.«

Gott fühlte sich eher mit denen verwandt, die glauben, nicht wiederzukommen, obgleich er natürlich wußte, daß sie sich irren.

Aber er mochte sie, weil sie eher imstande waren, die Gegenwart auszuleben. Und genau damit hatte Gott die allergrößten Schwierigkeiten. Es kam ihm der Satz in den Kopf:

Wer unsterblich ist, weiß nicht, was Zeit ist und lebt deshalb an seinem Leben vorbei.

»Wieder so eine fürchterlich wahre Wahrheit von Luzifer«, dachte er.

Es war Dienstag, null Uhr dreißig, und Gott lag angetrunken auf seinem Sofa, so sehr angetrunken, daß er das Jahrhundert, in dem er sich befand, nicht hätte angeben können. Aber wozu auch.

Er kannte diesen Zustand. Jedesmal, wenn er die Augen schloß, dann verlor er die Orientierung und fühlte, wie sich die Kopfhaut, nein, die ganze Schädeldecke in das Innere des Kopfes zurückbog, um in der Zunge zu enden. Und die schwieg, notgedrungen.

In solchen Momenten wünschte er heftig, ein Mensch zu sein, nichts als ein ganz normaler Mensch. »Aber man bekommt ja nie das, was man sich wünscht«, dachte er, »und besonders bekommt man niemals diese wundervolle, berauschende Unwissenheit zurück, die man ganz früher einmal hatte.«

Gott grübelte darüber nach, ob er der Evolution unterworfen wäre oder nicht. »Nur wer sich erinnert«, dachte er, »kann sich nach vorn entwickeln. Nur der kann wissen, wer er ist. Aber das bedeutet auch, wer zurückschaut, muß damit leben, dem Väterchen Tod in die Augenhöhlen zu gucken.«

Er drehte sich auf die andere Seite, weil sein rechter Arm eingeschlafen war.

»Die Menschen leben mit ihrer Vergangenheit und sterben daran. Je länger sie wird, desto näher rückt der Tod.« Das hatte ihm eine Küchenhilfe mal gesagt, die auf der Erde Professorin der Theologie war und hier oben nur zum Gemüseputzen und Kartoffelschälen einsetzbar war. »Aber wahrscheinlich ist das tiefsinniger Blödsinn«, dachte Gott. »Ich bin unsterblich und kann mich nicht wirklich in die Psyche der Menschen versetzen. Ich bin Gott, und das muß reichen, verdammt noch mal. Ich kann nicht auch noch ein Mensch sein. Luzifer wirft mir sowieso schon immer Omnipotenzphantasien vor.«

Alle seine himmlichen Gehilfen und Freunde waren längst im Bett, und Gott lag da, die Fernbedienung seines TV-Gerätes in der Hand. Das Nachtprogramm war schnell durchgezappt. Er bedauerte, kein Fernsehkritiker zu sein, um seine Aggressionen zu Papier bringen zu können. So langweilig, platt und dumm war das Programm, besonders nachts auf den privaten Kanälen.

»Ich habe so viele Söhne und Töchter«, dachte Gott, »aber niemand ist jetzt da, mit dem ich plaudern könnte. Johannes ist bestimmt in einer Disco, Luzifer bei einer schönen Frau und Uriel wieder bei seinen pyrotechnischen Experimenten, um sein Flammenschwert nachzurüsten. Hoffentlich verbrennt er sich dabei mal die Finger oder am besten gleich sich selbst.«

Auch für einen Unsterblichen ist es schwer, mit Einsamkeit fertig zu werden.

So erhob er sich mit ächzender Anstrengung, knabberte noch lustlos an einem Salzkeks herum und ging zu Bett, ohne vorher noch mal ins Bad zu gehen.

Er träumte tief und abscheulich. Das Fernsehen hatte ihn in eine Talkshow eingeladen. Unter einem riesigen, knallroten Fallbeil stand ein ebenso gigantischer, grell beleuchteter Stuhl.

Und auf den hatten die Fernsehleute ihn gesetzt. Der Moderator, ein junger Mann in einem gelben Jackett, bedrängte ihn mit Fragen. An seinen Handgelenken spürte Gott den Druck von metallenen Manschetten, die über dicke Kabel mit einem Lügendetektor verbunden waren, dessen Zeiger bei jeder Antwort wild ausschlug.

»Unser heutiger Studiogast gibt vor, Gott zu sein, meine Damen und Herren, kein Geringerer als Gott«, sagte der Moderator in die Kamera hinein. Und dann abfällig: »Und der soll ja bekanntlich gleichzeitig gütig und allmächtig sein.« Gott wollte darauf antworten, da wurden aber schon Filmaufnahmen von zerbombten Städten, Konzentrationslagern, Leichenbergen und Flutkatastrophen gezeigt. »Güte und Allmacht. Wenn das so ist, warum beweisen Sie Ihre Güte nicht und verhindern solche Katastrophen?« fragte der Moderator.

Gott rang nach Luft, um zu antworten, doch er kam nicht dazu, er sah nur, wie die Kamera dicht an sein Gesicht fuhr, um es groß zu zeigen. Gott erschrak, wie sah er nur aus, und es fiel ihm nichts ein, gar nichts.

»Ah, interessant«, spottete der Moderator. »Ich bin gespannt, wie unsere Zuschauer zu Hause entscheiden werden.«

Gott lief der Angstschweiß über das Gesicht, und er winselte:

»Ich bin unschuldig!«

»Das ist nur ein Spiel. Um unserem Studiogast aber eine kleine Verschnaufpause zu vergönnen – jetzt erst mal Werbung.« Laut und bunt prasselten Autos, Schokoriegel und Schnapsflaschen über den Bildschirm, während drei junge Männer auf Gott zukamen, ihm die völlig verschwitzten Sachen auszogen und ihn frisch einkleideten.

»So, nun sehen Sie schon viel besser aus, nicht?« hörte er jemanden sagen.

Alles ging so schnell, daß er es nicht richtig mitbekam. Außerdem waren die drei Jungens sehr höflich zu ihm, und ein hübsches Mädchen, das ein erregend kurzes Röckchen trug, puderte sein Gesicht, trocknete den Schweiß von der Stirn und flüsterte ihm zu:

»Ich finde Sie sehr nett. Diese Sendung ist wirklich grausam, ich hasse all diese Leute hier. Es darf natürlich keiner wissen, aber jeden Abend, bevor ich ins Bett gehe, bete ich zu Ihnen. Sind Sie jetzt sauer auf mich? Ich mache doch hier nur meinen Job.«

Er wollte ihr gerade übers Haar streichen, da kam der Moderator und posaunte:

»Sie kommen unheimlich gut über den Schirm. Absolut Spitze. Ich zweifle nicht, daß Sie wirklich Gott sind. Aber wissen Sie, ich muß mich auf das Niveau unserer Zuschauer einstellen. Für mich privat denke ich natürlich viel differenzierter. Aber das hier ist ein volkstümliches Programm, verstehen Sie. Und eine hohe Einschaltquote hat ihren Preis und ist doch auch für Ihr Image bei den einfachen Leuten wichtig. Letztendlich ziehen wir doch alle am selben Strick, es geht uns wie Ihnen um Aufklärung, oder?«

»Warum ist Luzifer nicht hier?« dachte Gott, »oder Uriel mit seinem Flammenwerfer. Wenn man sie braucht, sind sie nicht da.«

Da leuchtete das Rotlicht schon wieder auf, der Moderator kam ganz nah auf ihn zu, so daß er ihn fast berührte, und Gott sah plötzlich, daß der Moderator eigentlich eine feurige Echse war, die ihre Zunge in sein Gesicht schoß, so daß es dunkel wurde. Seine Stimme versagte. Er wollte schreien, aber brachte keinen Ton heraus.

Gott erwachte schweißdurchnäßt. Es war erst halb sechs. Teufel, war ihm schlecht. Auf dem Weg zum Klo kam ihm Johannes entgegen. Blaß und übernächtigt versuchte er, sich an dem alten Herrn vorbeizudrücken.

»Ich sage dir«, murmelte Gott und hielt den Jungen an der Jacke fest, »geh nie in eine Talkshow. Jedenfalls in keine auf der Erde.«

Ist das wahr, der Klügere gibt nach und stirbt?

eben seinem Bett hing dieser gräßliche Spiegel. Gott mochte ihn nicht. Einmal, weil er Spiegel überhaupt nicht leiden konnte, zum anderen, weil er sein Ebenbild nicht betrachten wollte. Nicht einmal im Vorbeigehen. Deshalb hatte er ein Tuch darüber gehängt.

Heute morgen hatte wohl die Putzfrau beim Staubwischen das ungeliebte Glas zu heftig berührt, so daß das Tuch heruntergefallen war.

Als der alte Herr sich aus dem Bett wälzte und wie immer seine Pantoffeln suchte, mußte er lange suchen. Er hängte sich den dunkelblauen Morgenmantel um und stolperte durch den Raum. Sein Blick fiel wie zufällig auf den

Spiegel, vielmehr auf sein Spiegelbild. Er erschrak so sehr, daß er den Mantel, den er mit beiden Händen über seinem Bauch festgehalten hatte, fallen ließ und nun vollkommen nackt vor dem Spiegel stand. Sofort wendete er sich mit einem Ruck zur Seite und hielt die Augen zu.

»Nein«, rief er und wiederholte noch einmal leise: »Nein, nicht.«

Er tastete wie ein Blinder zur Bettkante und setzte sich, immer noch mit verdeckten Augen. So blieb er ein himmlisches Momentchen lang sitzen, nach unserer Zeitrechnung etwa so lange wie der erste Kreuzzug ins Heilige Land gedauert hat, währenddessen die christlichen Ritter mit Schwertern und Brandfackeln für die Ehre des alten Herrn gekämpft hatten.

Er richtete sich auf, nahm die Hände herunter und sah nun in den Spiegel.

»Abscheulich«, sagte er und schüttelte den Kopf, so als wollte er sich von etwas losmachen. Er dachte an seine Kindheit, es kamen die alten Bilder in ihm hoch. Der große, alte Spiegel an der Tür des Kleiderschrankes im Schlafzimmer seiner Mutter, vor dem er stundenlang posierte. Der Spiegel im Bad, der über dem Waschbecken hing, und in dem er sich nur betrachten konnte, wenn er auf den Rand der Badewanne stieg. Er liebte diese Zaubergläser, blickte bis zur Ohnmacht hinein, zog Grimassen, streckte die Zunge heraus, betastete seinen Körper, drehte

78

ihn, um sich auch von der Rückseite betrachten zu können.

»Was war ich selbstverliebt«, dachte er. »Nein, nicht selbstverliebt, ich war auf der Suche nach mir selbst. Ich hatte gedacht, durch Betrachtung meines Körpers könnte ich herauskriegen, wer ich bin«.

Einmal hatte die Frau, die vorgab seine Mutter zu sein, ihn dabei erwischt und mit solch einem tief verletzenden Blick bestraft, ohne ein Wort mit ihm zu sprechen, daß er nie wieder wagte, in einen Spiegel zu blicken. Es war für ihn mit einem Mal eine Sünde geworden, sich selbst zu betrachten.

»Ich habe Adam und Eva auch verboten, vom Baum der Selbsterkenntnis zu essen«, dachte er, »und ihre Übertretung hart bestraft. Warum soll es mir besser ergehen?«

Der alte Herr atmete schwer, so daß man hätte Mitleid mit ihm haben können.

»Warum habe ich den Menschen nur diese ungeheure Demütigung angetan«, sagte er halblaut und wickelte den Bademantel wieder um seinen schon etwas füllig gewordenen Leib. Er fand sich mit einem Mal irgendwie häßlich.

In diesem Augenblick kam Luzifer an der halboffenen Tür vorbei und erblickte den zerzausten alten Herrn.

»Was ist denn mit Dir? Hast Du schlecht geträumt?«

Gott antwortete nicht und fragte:

»Wie hast du eigentlich herausgefunden, wer du selber bist?«

Luzifer war verdutzt und fragte zurück:

»Du meinst also, ich sei fit und weise genug, dir jetzt einen morgendlichen Seelenstrip hinzulegen?«

»Ich habe noch nicht herausgefunden, wer ich eigentlich bin. Bis jetzt jedenfalls nicht.«

»Für einen Gott ein erstaunliches Bekenntnis«, sagte Luzifer ein klein wenig spöttisch.

»Was denkst du, wie lange habe ich noch Zeit? Ich meine, in welchem Alter muß man damit fertig sein, wer man wirklich ist?« Gott blickte seinen Freund erwartungsvoll an.

Luzifer setzte sich neben den Alten, denn er wußte, jetzt würde es eine lange philosophische Unterhaltung geben. Er schwieg und wartete, bis Gott sagte:

»Eine Million Jahre oder hundert, was spielt das schon für eine Rolle. Zeit ist sowieso eine Erfindung der Menschen.«

»Und die«, unterbrach Luzifer, »haben Dich sowieso abgeschafft.«

»Ja, ja«, lachte der Alte müde, »einmal war ich alles für die, und jetzt bin ich nichts mehr. Aber ich muß dir sagen, es interessiert mich eigentlich nicht mehr, was die da unten von mir halten. Ob sie mich abschaffen oder anbeten. Ich habe genug mit mir selbst zu tun.«

»Soll ich Dir den Nacken massieren, Welten-lenker?«

»Du warst schon witziger«, brummte der alte Herr. »Ich habe so Momente, wo ich sehe, daß sich auch bei mir eigentlich von einem gewissen Moment an alles wiederholt. Ich werde immer älter und runzliger und . . . «

»Und, entschuldige, wenn ich das sage«, unterbrach Luzifer, »immer grüblerischer und zögerlicher. Du hast nicht mehr die alte Power von damals. Weißt Du noch, als wir durchs Rote Meer marschiert sind, oder als wir den Turm von Babel gesprengt haben. Oder als wir den Hit mit der Auferstehung ausgeheckt haben.«

Gott wurde mit einem Mal sehr scharf:

»Nicht wir, mein Lieber. Ich! Ich habe das ausgeheckt, um deinen despektierlichen Aus-druck zu zitieren. Wenn man dich braucht, bist du ja immer auf so einem Konzil im Vatikan, oder auf 'ner Satansfete oder weiß der Teufel sonstwo. Aber du bist nie hier, wo du hin und wieder gebraucht wirst.«

»Schön, daß Du mich manchmal vermißt. Ich fühle mich geehrt«, spöttelte Luzi.

Gott stand auf und lief ein paarmal durch das große Zimmer, indem er sich dabei immer so be-wegte, daß er nicht in den Spiegel gucken mußte.

»Du könntest mir den Gefallen tun und diesen gottverdammten Spiegel wieder mit dem Tuch da verhängen, ja?«

»Mit dem gottverdammten Tuch da, aber sicher doch.« Luzifer tat, wie ihm aufgetragen.

»Danke«, sagte Gott und setzte sich wieder, während er tief Luft holte.

»Die Sache mit dem Spiegel hat mich getroffen. Weiß du, ich habe seit meiner Kindheit ein, ich denke gestörtes Verhältnis zu meinem Ebenbild.«

»Ja, ja«, nickte Luzifer, »Du sollst dir kein Bildnis machen. Wenn Du dir eines von Gott machst, dann machst Du Dir eines von Dir selber. Das ist eine uralte und beliebte Verbotsregel von autoritären Vätern.«

»Oder von autoritären Müttern«, warf der Alte ein.

»Du sollst bloß nicht wissen, wer du bist, damit du ja keine Ansprüche stellst. Wer gehorchen soll, darf nicht über sich reflektieren.«

»Rebellion beginnt mit Reflexion«, lachte der alte Herr. »Das hatte ich schon früh erkannt. Deswegen habe ich so unendlich lange nichts als Gehorsam gefordert. Nicht nur hier oben. Wenn ich hin und wieder mal in der Bibel lese, tun mir die Menschen leid. Was habe ich für einen unglaublichen Unsinn angestellt, habe gnadenlos gestraft, wenn Menschen endlich mal anfingen, ihren Grips zu gebrauchen, um sich selber zu hinterfragen. Ich muß dir gestehen, daß ich erst sehr, sehr spät den Wert des Zweifels und des Ungehorsams erkannt habe.«

Luzifer rückte noch dichter an den Alten heran:

»Das heißt, wenn Du ein Mensch wärst, würdest Du nicht, ich meine, Du würdest nicht an Gott glauben?«

»Gute Fragen lassen nur ein Ja oder ein Nein zu«, sagte Gott und drehte seinen Kopf zum Fenster hinüber.

Dann sagte er ganz leise: »Ich bin sicher. Nein. Ich fühle mich schrecklich mißbraucht. Man hat mich zu einem Monster gemacht: die Juden zu einem Nationalhelden und Generalissimus, der den politischen Gegnern die Schädel zertrümmert, die Christen zu einem mörderischen Helfershelfer, der nicht mal davor zurückschreckt, den eigenen Sohn lebendig an einen Marterpfahl nageln zu lassen. Dann wollte man, daß ich Kanonen, Kampfflugzeuge und Atombomben auf mein Gewissen nehme. Mein Name stand auf Koppelschlössern, Kriegsflaggen und Dollarnoten.«

»Und warum hast Du dich nicht dagegen gewehrt?«

»Weil ich dachte, das gehörte zu einer gewissen Trotzphase der Menschheit, zu einer infantilen Entwicklungsstufe. Ich dachte, bei der Erfindung der Menschen habe ich gewisse Konstruktionsfehler auf dem Gewissen, die sich im Laufe der Zeit durch die Evolution von selbst irgendwie einpendeln werden. Das war leider ein Irrtum, wie du weißt. Der einzige sogenannte Fortschritt ist, daß sie mich heute nicht mehr anrufen, bevor sie schießen. Sie schießen sozusagen nur weltlich und lassen mich aus dem Geschäft raus. Eine gewisse Erleichterung für mich.«

»Schade«, sagte Luzifer, »daß Du kaum noch Zeitungen liest und die News im Fernsehen anguckst. Ich sah neulich ein Foto aus dem Golfkrieg, da hatten amerikanische Piloten eine Rakete mit einem Zitat aus dem Alten Testament bepinselt. Du siehst, Soldaten glauben immer noch an Dich. Für die bist Du ganz der Alte geblieben. Man sollte denen die Lektüre von Schopenhauer empfehlen. Aber, was kann man schon von den Amis erwarten. Ein Volk mit fünfundzwanzig Prozent Analphabeten. Übrigens, auf den Dollarscheinen bist Du immer noch drauf: ›In God we trust‹.«

»So? Tatsächlich?«

»Ich gebe zu, sie haben immerhin auch Billy Graham hervorgebracht, aber der hat für Ronald Reagan und den Krieg in Vietnam gepredigt. Die Bibel, auf die jeder US-Präsident seit George Washington in Deinem Namen schwört, sollte zu Zigarettenpapier verarbeitet werden. Aber dafür wär 'ne Dünndruck-Ausgabe viel besser geeignet. Aber lassen wir das. Geht's Dir inzwischen etwas besser?«

Gott antwortete nicht, sondern stand auf,

ging zum Spiegel, zog das Tuch wieder herunter und blickte sein Spiegelbild ruhig an.

»Das ist der Unterschied zwischen uns«, sagte er, »wenn ich in das Glas sehe, sehe ich mich. Wenn du das tust, dann siehst du nichts. Geister und gefallene Engel haben kein Spiegelbild. Du siehst nur die Dinge, die sich hinter dir befinden. Du siehst die Welt im Spiegel und nicht dich selbst. Schade eigentlich, wo du doch so ein kluger Junge bist. Durch nichts in der Welt oder im Himmel kannst du dein Abbild sehen. Vielleicht verstehst du meine Frage von vorhin jetzt besser: Wie hast du dein Selbstbewußtsein hingekriegt?«

»Ich war eigentlich immer froh, nicht so zu sein wie Du«, sagte Luzifer und zeigte dem Spiegel die ausgestreckte Zunge. »Ich bin meinen eigenen Weg gegangen. Ich habe die Realitäten der Welt höher eingeschätzt als mich selbst. Ich war nie selbstverliebt, sondern habe immer nur nach dem gesucht, was auch ohne mich existiert.«

»Und bist dabei«, unterbrach der alte Herr, »auch klug geworden, das heißt, du weißt, wer du bist.«

»Ich bin kein Schöpfer, der so in sich selber vernarrt ist, daß er Ebenbilder bräuchte. Was hat es Dir gebracht, daß Du Milliarden Menschen nach Deinem Bild gemacht hast? Kopien von Dir, nur mit dem Unterschied, daß sie nicht wie Du ewig leben, sondern wie Eintagsfliegen schon nach ein paar Jahren verbuddelt oder verbrannt werden. Ist Deine Einsamkeit dadurch hier oben auch nur um einen Millimeter kleiner geworden? Oder hat es die Menschen auch nur eine Sekunde von Verbrechen abgehalten? Natürlich nicht. Du weißt das genauso gut wie ich. Was mich aber sehr nachdenklich stimmt, ist die Tatsache, daß Du behauptest, Du hättest die Menschen nach Deinem Ebenbild zusammengebaut. Warum klagst du also über deren Schurkereien? Steckt etwa das Böse auch in Dir? Haben die Menschen neben Deiner, sagen wir mal, Gelassenheit und moralischen Qualität auch die Leidenschaft zum Betrügen, Töten und Blutbaden von Dir geerbt?«

Luzifer dachte, daß er jetzt vielleicht doch zu weit gegangen war:

»Ich will Dich nicht verletzen«, sagte er schließlich, »aber ich kann ganz gut nachvollziehen, warum Du nicht mehr in den Spiegel zu blicken wagst. Es tut weh, nicht wahr, selbst wenn man Gott ist. Wenn man solch eine Idealfigur darstellen muß wie Du, dann möchte man vom eigenen Versagen und der dunklen Seite der Persönlichkeit nichts mehr wissen.«

Der alte Herr stand schweigend auf, hängte den Spiegel von der Wand ab und schob ihn hinter die Kommode.

»Die große Versuchung Deines Lebens ist«,

sagte Luzifer, »daß Du immer gütig und allwissend erscheinen mußt. Furchtbar anstrengend stell ich mir das vor. Du hast es dir immer sehr einfach gemacht. Du warst der ewig Gute und ich der ewig Böse. Na schön, ich habe meine Rolle angenommen, ich brauche ja auch nicht in den Spiegel zu gucken. Aber was ist mit Dir? Du bist in einer tiefen Identitätskrise. Das haben die Menschen schneller bemerkt als Du.«

Gott hatte keine Lust, darauf etwas zu antworten, sondern machte sich auf, das Zimmer zu verlassen.

»Ich habe«, sagte er, »noch ein schönes altes Porträt des Neandertalers. Ich werde Johannes bitten, es anstelle des Spiegels aufzuhängen.«

Luzifer, jetzt allein auf der Bettkante, rief ihm nach, als er schon im Flur verschwunden war:

»Wie soll dir jemand vertrauen, wenn Du nicht einmal dein Spiegelbild ertragen kannst? Gott, hast du Angst vor Deinem Schatten?«

Ob der alte Herr die letzten Worte noch gehört hatte, wußte Luzifer nicht.

»Er ist und bleibt der alte Phantast«, dachte er, »er muß sich immer wieder vorgaukeln, er selbst und die Welt seien im Grunde trotz allem gut und die Entwicklung ginge letztendlich doch aufwärts. Vom Neandertaler zu Albert Einstein.«

Er zündete sich eine Zigarette an, ließ den blauen Dunst in kunstvollen Ringen zur Decke steigen, obgleich er wußte, daß Gott das Rauchen in seinem Schlafzimmer absolut verboten hatte wegen seines Asthmas.

Er rief laut in Richtung Flur:

»Der Neandertaler ist nicht wegen seiner Blödheit und Brutalität ausgestorben, sondern im Gegenteil, weil sein Gehirn zu groß und zu weit entwickelt war. Er war weiter als der heutige Mensch. Deshalb ist er ausgestorben. Allein deshalb. Das haben die Paläontologen längst nachgewiesen. Der Klügere gibt nach und stirbt.«

Er ging zur Kommode und hängte den Spiegel wieder auf.

»Wenn ich etwas wirklich hasse«, sagte er, »sind es Illusionen.«

Er drehte ihn so, daß Gott sich, wenn er im Bett lag, betrachten mußte.

»So ist es gut. Der Spiegel bleibt in Zukunft unverhüllt. Dieses Tuch werfe ich jetzt in den Müll.«

Hast du schon mal Drogen genommen?

uzifer und Johannes lagen ausgestreckt auf den Dielen des Dachbodens. Johannes sollte etwas Majoran vom Speicher holen, der dort an langen Schnüren zum Trocknen aufgehängt war. »Ich komme mit dir«, hatte Luzifer gesagt, »ich liebe diesen penetranten, berauschenden Geruch. Er erinnert mich an meine Kindheit. Als ich so jung war wie du, habe ich stundenlang zwischen den Blättern gelegen wie jetzt, bis ich fast besinnungslos war.«

»Du hast Drogen genommen?« wollte Johannes wissen.

»Alles kann zur Droge werden, Kaffee, Zigaretten, aber auch Arbeit, Geldverdienen, Telefonieren und, stell dir vor, sogar die Liebe.«

»Ich meine, hast du schon mal was Richtiges probiert?«

»Ich habe mein Leben gelebt. Und ich war immer neugierig. Am neugierigsten auf mich selbst. Das Wichtigste im Leben ist, wie du mit dir selbst umgehst. So unterscheidet sich Gut und Böse.«

»Gut und Böse?« unterbrach der Junge. »Gut heißt, gut zu den anderen zu sein, und böse heißt, böse zu den anderen zu sein. Gott hat mir beigebracht, ich solle immer etwas Gutes im Kopf haben.«

»Sicher, aber sei mir nicht böse«, sagte Luzifer nach langem Schweigen und ein paar kräftigen Atemzügen, »das sind die üblichen frommen Sprüche aus der ethischen Klippschule. Reden wir mal wie unter Erwachsenen.«

»Ich bin erwachsen«, entrüstete sich Johannes, »ich bin immerhin schon zweitausend Jahre alt.«

»Deshalb rede ich mit Dir ja auch wie mit einem Erwachsenen. Gut und Böse, weißt du, entscheiden sich nicht darin, wie du mit den anderen umgehst, sondern wie du mit dir selbst umgehst. Der Rest kommt von alleine.«

»Du bist ein Egoist«, schimpfte Johannes, »ich will die Verhältnisse verändern. Wenn ich groß bin, werde ich auf die Erde gehen und Politiker werden, um die Menschheit zu retten. Du kannst doch immer nur reden, aber was tust du denn? Nichts!«

»Jugend ist eine Krankheit, die glücklicherweise heilbar ist«, brummte Luzifer leise in seinen Bart und sagte dann laut, so daß der Junge es gut hören konnte:

»Das ist eine sehr schöne Idee. Das solltest du unbedingt machen.«

Er stand auf, rupfte ein paar Majoranblätter ab und zerdrückte sie, um daran genüßlich zu schnuppern. Dann öffnete er seine Hand und ließ das zerbröselte Grün auf das Gesicht des Jungen rieseln.

»Hör auf«, schrie der und sprang hustend auf.

Luzifer schmunzelte.

»Ich will dir eine Geschichte erzählen. Es ist die Geschichte von Adam und Eva aus dem Paradies.«

»Ach, langweilig«, motzte der Junge, »kenn ich. Hat mir der Alte schon hundertmal erzählt.«

»Aber er hat sie nicht so erzählt, wie ich sie erlebt habe. Du kennst die Version Gottes, aber nicht die der Schlange. Paß auf. Die ersten beiden Menschen waren ziemlich primitive Prototypen, die der Alte zusammengebastelt hatte. Adam hat er aus Dreck geknetet und Eva aus der Rippe dieses Typen. Das war Recycling und kein originäres Material. Der erste schwere Fehler. So was kann keine Qualität ergeben. Die beiden sollten am Anfang einer langen Entwicklung stehen, sollten sich fortpflanzen und mit jeder Generation besser und klüger werden. Gut geplant, aber es funktionierte natürlich nicht. Die beiden hübschen Langweiler legten sich auf die faule Haut, ließen Gott einen guten Mann sein, machten sich keine Gedanken und keinen Sex. Und ohne den läuft ja, wie du vielleicht weißt, nichts. Also auch keine Fortpflanzung. Das Modell Mensch drohte also ein Flop zu werden. Der alte Herr hatte nicht genug nachgedacht. Er hatte gemeint, daß schöne, paradiesische Verhältnisse das Richtige für den Fortschritt wären. Nichts war. Also bat er mich um meinen Rat. Was soll ich bloß machen, hat er mich geradezu angefleht. Ich hab ihm zunächst mal gesagt: ein großer Fehler im Paradies ist, daß diese beiden Leutchen nett sind, aber dumm. Das Wort saudumm wäre eine Beleidigung für unsere vierbeinigen Freunde gewesen. Wie du weißt, bin ich Vegetarier.«

»Aber sie waren glücklich und ohne Sünde«, warf Johannes ein.

»Nein, eben nicht. Sie waren nicht glücklich und auch nicht ohne Sünde. Sie langweilten sich nur. Sie lebten völlig unbewußt und hatten keine Ahnung, wer sie waren. Sie wollten es auch gar nicht wissen. Sie hatten keinen blassen Schimmer, was ihnen eigentlich zu ihrem Glück fehlte.«

»Und waren deshalb Sünder?«

»Nein, sie waren nicht schlimm, weil sie etwas

Schlimmes gemacht hätten, sondern weil sie ihren Arsch nicht hoch gekriegt hatten. Sie waren, seitdem der alte Herr den Garten verlassen hatte, stehengeblieben. Außer Obst und Gemüse essen und in der Sonne liegen, machten sie nichts. Selbst zu Untaten fehlte ihnen der Kick. Nicht mal einen Funken krimineller Energie hatten sie in sich. Bitte, sie hätten klauen oder morden können. So was kann der alte Herr vergeben. Und er macht das gern, wie du weißt. Das eigentlich Verwerfliche war, daß sie keinen blassen Schimmer von sich selbst hatten. Weder im Guten noch im Bösen. Und das ist die wirkliche Sünde.«

»Und dann hast du dich als Schlange vom Apfelbaum runtergeringelt und Eva verführt?«

»Aber nicht doch so ungeduldig. Der alte Herr bat mich also um meine Hilfe. Da hab ich ihm gesagt: ›Du hast den großen Fehler gemacht, den beiden zu verbieten, in dieses Erkenntnis-Obst zu beißen. Und deshalb, wenn du mich fragst, weil du sie dumm halten wolltest. Sie sollten als Analphabeten wie dämliche Hühner fröhlich, aber blöd durchs Paradies gackern. Du wolltest keine intelligenten Wesen. ›Entschuldige‹, hab ich dem Alten gesagt, ›du willst keine Konkurrenz. Du willst der Größte bleiben, der einzige, der durchblickt. Schade, ich hätte dich nicht so ängstlich und kleinkariert eingeschätzt.‹«

»Das hast du Gott wirklich so gesagt? Echt?«

»Na ja«, lenkte Luzifer ein, »natürlich nicht mit genau diesen Worten. Ich wollte den Alten ja nicht verletzen. Du weißt doch, wie schnell er eingeschnappt ist. So hab ich ihm den Dreh mit dem Apfel und der Schlange vorgeschlagen. Das war der einzige Ausweg, denn von sich aus wären die beiden doch nie auf die Idee gekommen, auf den Baum zu klettern und das Verbot zu übertreten. Außerdem war die Leiter noch nicht erfunden. Wie sollten sie auf den hohen Baum raufkommen? Also hab ich mich geopfert und den Verführer gespielt, verstehst du?«

»Du hast die arme Eva verführt und sie unglücklich gemacht.«

»Ach, Schätzchen«, lachte Luzifer und knüsselte eine filterlose Zigarette aus einer zerdrückten blauen Packung. »Ich hab das gemacht, weil Gott zu feige dazu war. Ich hab es auf mich genommen, über Jahrtausende von den Menschen und offenbar auch von dir verachtet zu werden. Und warum? Weil ich diesen beiden Halbaffen ihr Gehirn angeknipst habe. Klar, daß wir sie dann aus dem Paradies rausschmeißen mußten. Doch nur so konnte Gottes Autorität nach außen hin gewahrt werden. Wir mußten das tun.«

»Was heißt *wir*? Damit hat Gott Uriel beauftragt, den er mit seinem feurigen Schwert losgeschickt hat.«

»Na klar, für politische Strafaktionen hält man sich Soldaten, Staatsanwälte oder solche gehorsamen, gnadenlosen Engel wie den Uriel mit seinem Flammenwerfer. Keiner von uns beiden, die wir ja die Strafexpedition heimlich ausgeheckt hatten, hätte sich die Finger öffentlich an dieser historischen Aktion schmutzig machen dürfen. Das wäre in die Bücher gekommen. Schlecht fürs Image bei den Frommen.«

Johannes starrte Luzifer fassungslos an. Der fuhr fort:

»Das ist Politik, mein Junge. Dieser Trick war die einzige Lösung, die beiden trägen Schnarchies aufzuwecken und damit die Geschichte der Menschheit in Gang zu setzen. Und es hat funktioniert, wie du zugeben mußt.«

»Seitdem gibt es also den sogenannten Fortschritt auf der Erde«, entrüstete sich Johannes, »zu dem Preis, daß die Menschen Kriege führen, die Wälder abholzen und die Meere vergiften. Pfui Teufel.«

»Zu dem Preis, daß die Menschheit Buddha, Sokrates, Mozart, Goethe und Einstein geboren hat. Alle Achtung, kann ich nur sagen.«

Luzifer paffte den blauen Dunst in den Raum. Er wußte, daß ihm eine lange und völlig fruchtlose Diskussion bevorstand. Und die führten die beiden ungleichen Partner auch, bis die Sonne untergegangen war.

»Kinder denken immer, alles im Leben ist

95

umsonst zu haben. Und Erkenntnis sei ohne Schuld zu bekommen«, stöhnte Luzifer schließlich und reichte dem Jungen seine Zigarette. »Gott hat mir verboten zu rauchen«, entgegnete Johannes. »Ich weiß«, schmunzelte Luzifer, »aber du kannst ja mal probieren. Oder willst du kein Mann werden?«

»Vom Rauchen hängt das nun wirklich nicht ab.«

»Bravo! Wie recht Du hast«, rief Luzifer, »laß uns mit dem Majoran in die Küche runtergehen. Wir kochen uns etwas ganz besonders Gutes.«

Das Essen schmeckte wundervoll, und Johannes konnte nicht genug davon kriegen. So was Feines hatte ihm noch keiner serviert.

»Schön, daß es dir geschmeckt hat«, sagte Luzifer mit einem wirklich teuflischen Grinsen. »Weißt du, was es war? Schweinefleisch. Aber nur auf deinem Teller. Und das hat Gott dir doch auch verboten, stimmt's, du Sünder?«

»Pfui Teufel, du Verführer«, fluchte Johannes.

Luzifer trug die Teller zur Spüle und drehte den Wasserhahn auf, um abzuwaschen. Er ließ dem Jungen lange Zeit zum Nachdenken und sagte schließlich:

»Ja, ja, mit dem Spaß am Essen fängt es immer an. Das wirst du schon noch begreifen.«

Warum kann er denn nicht einfach sterben?

ott hatte in seinem Leben schon so viel erlebt und getan, daß er fand: Ich habe genug, ich will nicht mehr. Er verstand das nicht als richtige Depression, bei der man sich ins Bett legt und für immer darin liegen bleiben möchte. Oder bei der man sich betrinkt, um nichts mehr zu spüren.

Sicher, Gott hatte schon öfter versucht, sich richtig mit Alkohol vollzuschütten, um dann vielleicht am Delirium tremens zu sterben. Aber es hatte natürlich nie funktioniert. So leicht stirbt man nicht, und ein Gott schon gar nicht. Das ist eine Binsenweisheit.

»Der alte Herr hat schon wieder nichts gegessen heute«, klagte die himmlische Köchin dem kleinen Johannes, »was hat er nur? Als ich ihm guten Morgen wünschte, hat er nicht geantwortet und mich nicht einmal angeguckt.«

»Ach, das hat er öfter«, sagte Johannes. »Wahrscheinlich eine kleine Magenverstimmung.«

»Nein, nein«, meinte die Köchin, die Gott schon seit Jahrtausenden bekochte, »wenn er keinen Appetit hat, dann koche ich ihm immer Holundersuppe mit Hefeklößchen. Und das habe ich ihm heute auch gemacht. Aber denkst du, er hätte auch nur einen einzigen Löffel davon probiert. Ich mußte alles wieder in den Kühlschrank stellen. Und aufgewärmt schmeckt das nicht mehr.«

»Weißt du, manchmal hat auch er Blähungen und deshalb keinen Appetit. Das hat mit deinen Kochkünsten nichts zu tun.«

»Ja, ja«, sinnierte die Alte, »in der Jugend dreht sich alles nur um die Liebe und im Alter alles nur um die Verdauung.«

Johannes warf ihr einen strafenden Blick zu, biß demonstrativ in einen dieser braunen, klebrigen, ekelhaften Schokoriegel und schmatzte dabei, nur um auf so eine Küchenphilosophie nichts antworten zu müssen.

Was in Gott wirklich vorging, konnte niemand wissen, nicht einmal seine Lieblingsengel.

Doch wenn sie sich nicht bloß ständig mit sich selbst beschäftigt hätten, dann hätten sie bemerkt, daß der alte Herr immer öfter aus dem großen Fenster seines Schlafzimmers hinunter auf die Erde guckte. Da blieb er dann sitzen, halb angezogen, Hemd und Hose irgendwo achtlos hingeworfen. Die Pantoffeln waren falsch angezogen, der rechte steckte auf dem linken Fuß und der linke auf dem rechten.

Dabei waren es wunderschöne Samtpantoffeln, eine wirklich himmlische Zierde, das Geschenk eines verstorbenen Papstes, wahrscheinlich war es Pius XII., der im Himmel seine Haftstrafe absaß und als Flick-Schuster arbeitete. Auf dem einen Pantoffel war in purem Gold eine fliegende Taube gestickt, das Symbol des Heiligen Geistes, auf dem anderen Maria im blauen Mantel mit dem nackten Jesuskind an der Brust. Es waren richtige kleine Kunstwerke.

»Erstaunlich«, dachte Gott, »daß ein so hoher Funktionär mit den Händen derart geschickt ist. Er hätte damit früher beginnen sollen.«

Trotzdem mochte er diese Schuhchen nicht, denn er hatte sehr wohl bemerkt, daß in ganz kleinen Ziffern auf dem Kleid Mariens die Jahreszahl 1950 eingestickt war und darunter das Wort ›Assumptio‹.

»Eine Unverfrorenheit«, dachte er, »mein angeblicher Stellvertreter hat wohl gemeint, ich wüßte nicht mehr, was in diesem Jahr war. Diese anmaßende Enzyklika Assumptio ist damals verkündet worden.«

Diese Anweisungen zum Gehorsam im rechten Glauben verabscheute Gott. Und ganz besonders diese.

»Da wird mir doch tatsächlich unterstellt, ich hätte Maria leibhaftig in den Himmel geholt, und zwar durch die Luft. Und dann noch als Jungfrau«, erboste er sich, »als Jungfrau. Lächerlich und frauenfeindlich. Dabei habe *ich* sie zur Mutter gemacht, das hübsche Mädchen. Wer denn sonst. Schließlich ist sie die Mutter meines Sohnes.«

Aber den mochte er auch nicht immer. Seine anderen Söhne waren ihm manchmal schon lieber, weil sie sich nicht als Einzelkinder ausgaben, gewissermaßen als Unikate. Buddha, Sokrates, Heraklit, Laotse, Franz von Assisi, Gandhi fand er überzeugender und selbst Bhagwan, der alte Hochstapler, wäre ihm heute lieber gewesen, weil er wenigstens einen Unterhaltungswert hatte und ihn vielleicht in einem seiner Silver-Shadows auf eine kleine Spritztour mitgenommen hätte. Und wo, bitte, sind denn all die Göttinnen geblieben? Waren sie nicht wert, seine Töchter genannt zu werden?

»Aber lassen wir das«, sagte er, »ich bin Gott, und die Menschen erwarten von mir, daß ich immer nur das sage, was in der Bibel sowieso schon drin steht.«

Heute war er wieder mal in dieser lustlosen

Stimmung, die ihn alle paar Monate ansprang wie ein lästiger Hund. Nach unserer Erdenzeit entspräche das etwa einem Jahrtausendrhythmus. Aber man kann die Zeiten da oben und hier unten eben nicht miteinander vergleichen. Das ist wirklich ganz was anderes.

Niemand vom himmlischen Personal wagte es, ihn mal zu fragen: »Guten Tag, lieber Gott, Du scheinst heute nicht gut drauf zu sein. Kann ich Dir irgendwie helfen?«

Das wagte niemand, denn der alte Herr war so etwas wie ein Monument, und jeder wußte, daß er hin und wieder auch ganz hübsch eklig werden konnte.

Nur der kluge, psychologisch geschulte Luzifer blickte in solchen Fällen durch. In schwierigen Situationen hatte er immer den richtigen Riecher und das passende Wort. So stellte er sich jetzt neben den alten Herrn ans Fenster und sagte leise, wie in einem Selbstgespräch:

»Manchmal wünschte ich mir, ich könnte mich einfach ins Bett legen und sterben. Diese Ruhe stelle ich mir geradezu himmlisch vor.«

Gott schien ein Momentchen irritiert, ging zu seinem für eine Person viel zu großen Himmelbett und legte sich hinein.

»Was meinst du«, flüsterte er, »wie oft ich es schon probiert habe. Ich legte mich einfach flach hin, so wie jetzt, machte die Augen zu und träumte davon, nie wieder aufzuwachen.«

Er blieb ziemlich lange liegen, und Luzifer sah, wie eine Träne die Backe herunterrann.

»Ich habe Tabletten gesammelt, verstehst du, diese kleinen, weißen Kügelchen, die angeblich gegen Kopfschmerzen helfen sollen. Hab alle auf einmal genommen, mich ans Fenster gesetzt und gewartet. Aber nur schlecht ist mir geworden. Nur einfach schlecht. Ich mußte mich übergeben, hab alles zum Fenster hinaus erbrochen und ins Weltall gespuckt.«

»Wahrscheinlich fliegt es da heute noch rum, als Meteoritenstaub oder sowas.«

Gott konnte darüber nicht lachen, so deprimiert war er.

»Der Alte ist doch ein Kind«, dachte Luzi, »nur Kinder wünschen sich so etwas Absurdes, sie wollen tot sein, um ihre schrecklichen Erzeuger zu ärgern und es ihnen heimzahlen für ungerechte Ohrfeigen und dafür, daß Papa dieses Jahr wieder kein Mountain-Bike zu Weihnachten spendiert hat.«

Bei Gott war das natürlich ganz anders. Er war alt, sehr alt sogar, schon ein bißchen klapperig und vergeßlich, und er merkte genau, daß ihn manch kleiner Yuppie im himmlischen Rechnungsbüro austrickste oder alte, weise Engel ihn mit allzu großer Nachsicht behandelten. Außerdem machte ihm sein Asthma zu schaffen und die allgemein schlechte Wirtschaftslage auf der Erde, die vielen nutzlosen

Satelliten im All, die vielen Fliegen in der Küche und überhaupt alles.

Heute morgen zum Beispiel hatte er seine elektrische Zahnbürste verzweifelt gesucht, bis er sie schließlich in der mit heißem Wasser gefüllten Badewanne wiederfand. Natürlich im Kurzschluß verendet. Er hatte sie in seiner melancholischen Zerstreutheit mit Dagobert der Plastikente verwechselt. Und sein Portemonnaie war auch weg. Er konnte dem himmlischen Boten, der eine Urlaubspostkarte vom Engel Lucas brachte, der an der »Costa Coelestica« auf dem Planeten Melma ein Wochenende verbrachte, nicht mal eine Mark Trinkgeld in die Hand drücken. Natürlich war Lucas nicht dorthin, sondern auf die Erde geflogen, um an einem Schönheitswettbewerb für Muskelmänner in Berlin teilzunehmen. Der Schlingel.

»Es sind eben immer wieder diese teuflischen Ausfälle des Gehirns, die einen so niederwerfen«, sagte er zu Luzifer, der bei dem Ausdruck »teuflische Ausfälle« ein wenig zusammenzuckte. Er schwieg. Aber er selbst verfügte über ein ganz frisches, computerhaftes Gedächtnis. Er vergaß nie etwas, wirklich niemals. Er konnte nichts vergessen, selbst, wenn er es gewollt hätte. Das war seine große Schwäche, die alle anderen für seine größte Stärke hielten. Auch der alte Herr.

»Soll ich Dir helfen?« fragte Luzifer schließlich, »ich meine, zu sterben.«

Gott lächelte ein wenig mitleidig.

»Aber der gute Luzi ist wirklich der einzige hier, dem ich geheime, sündhafte Gedanken anvertrauen kann«, dachte Gott.

Die anderen Engel hätten bei solchen Bekenntnissen und für einen Gott geradezu perversen Wünschen die Flucht ergriffen oder für den alten Herrn gebetet – an wen auch immer. Doch Luzifer war ein Freund, der das Leben kannte und nicht so leicht zu verschrecken war.

»Du könntest mir einen Gefallen tun. Deck mich mit meiner schönen, alten Seidendecke zu, falte meine Hände, so als wäre ich tot. Und dann hol aus dem Garten Blumen, am besten weiße Lilien. Hinter dem Hühnerstall stehen noch ein paar. Brich sie ab, aber laß dich nicht vom Gärtner erwischen. Der ist ein derart lustfeindlicher, ideologischer Öko, daß er nicht mal Klopapier benutzt, weil es aus Bäumen gemacht wird.«

»Den kenn ich, den riech ich immer schon von weitem.«

»Schieb die CD mit der Maurischen Trauermusik in den Player und stell Kerzen auf. Drei rechts und drei links. Und verbrenn etwas Weihrauch. Ich glaube, wir haben noch welchen im Küchenschrank, in der Schublade neben dem Besteck.«

»Ja, ist gut«, sagte Luzifer und tat, wie ihm aufgetragen, denn er liebte Theater und Show.

»Darf ich dabei einen ganz kleinen Joint rauchen?«

»Meinetwegen, aber wirklich nur einen ganz kleinen. Du weißt, daß ich diese Kokelei nicht ausstehen kann. Aber heute drück ich mal ein Auge zu, beziehungsweise ein Nasenloch.«

Luzifer dachte: »So ernst scheint es ihm mit dem Sterben wohl nicht zu sein, wenn ihn das Haschrauchen irritieren kann.«

Er machte alles sehr liebevoll und vorsichtig, vor allem erweckte er den Anschein absoluter Ernsthaftigkeit. Als er den Alten so daliegen sah im fahlen Licht der Vormittagssonne, das durch die halb heruntergelassenen Gardinen ins Schlafzimmer fiel, erschien er ihm wirklich verteufelt echt tot.

Als er ihm die Augen zudrücken wollte, rief Gott:

»Nein, laß das, ich will sehen, wie meine Bestattung vor sich geht. Ich will keine Sekunde verpassen.«

In diesem Moment geschah etwas Unvorhergesehenes, etwas, das die ganze schöne Zeremonie zerstörte. Von der Zimmerdecke seilte sich eine winzige Spinne an ihrem dünnen Faden kunstvoll herab und landete direkt in Gottes linkem Nasenloch. Es dauerte keine hundertstel Sekunde, da schrie der alte Herr auf, packte seine Nase, rieb sie und zermalmte das kleine unschuldige Tierchen, sprang aus dem Bett, so

105

daß Blumen, Seidendecke und Kerzen auf dem Bettvorleger landeten.

Luzifer hatte, wie immer, alles genau beobachtet, ohne einzugreifen. Wer hätte es gewagt, ihm zu unterstellen, daß auch das zu seiner Inszenierung gehörte, weil er der Stammvater aller Spinnen war.

Es war ein Streich, der, wie immer im Leben, dem Schwächsten das Leben kostet und dem Stärkeren eine gute Lehre erteilt, vorausgesetzt, er ist so klug wie der alte Herr.

Niesend und hustend saß der wie ein Häufchen Elend auf der Bettkante. Als er sich wieder gefaßt hatte, meinte er:

»Irgendwie ist mir schon viel besser. Ich habe einen wahnsinnigen Appetit auf was Süßes.«

Und als Luzifer ihm aus der Küche eine Schale Vanilleeis brachte, übergossen mit heißer Schokoladensauce, streckte ihm Gott den Zeigefinger seiner linken Hand entgegen. Auf dem krabbelte putzlebendig die kleine Spinne.

»Ich habe sie wiederbelebt. Ich denke, sie hat es verdient. Und vielleicht brauchen wir sie noch mal.«

Müssen denn immer erst die Katastrophen kommen?

er alte Herr war heute ganz besonders stolz. So was war noch nie vorgekommen in all den Jahren. Beim morgendlichen Jogging hatte er den kleinen Johannes überrundet, so daß er ein paar Schritte vor ihm an der Haustür ankam und ihn, betont lässig ans Mäuerchen gelehnt, lächelnd mit den Worten empfing:

»Für einen Raucher bist du ziemlich schnell.«

»Ich rauche nicht«, hächelte Johannes, »nur manchmal. Wirklich ganz, ganz selten, höchstens, wenn Luzifer mir eine anbietet.«

»Man soll seine persönlichen Schwächen nicht auf andere abwälzen. Nur wenn man sich seiner Fehler bewußt ist, kann man sie auch beseitigen.«

Johannes kannte diesen Oberlehrerspruch des Alten nur allzu gut, er hatte den letzten Teil des Satzes für sich wiederholt, aber so leise, daß der alte Herr, schon ein bißchen schwerhörig, das nicht mitbekam.

Statt dessen sagte er laut, während er die Haustür aufstieß und seine aufregend violetten Sportschuhe auszog:

»Hast Du eigentlich deine Zweitwohnung auf dem Planeten Erde aufgegeben?«

»Wieso, willst du etwa dort Urlaub machen?«

Johannes antwortete nicht, so daß der alte Herr Zeit hatte, seine klobigen, schwarzen Turnschuhe von den Füßen loszukriegen und dabei die großen Löcher in den Socken raffiniert zu verdecken.

»Du möchtest gern runter, weil du da eine Freundin hast. Ich habe das schon lange bemerkt. Stimmt's?«

Der Kleine senkte den Kopf und schwieg.

Da kam Luzifer die Treppe heruntergetänzelt, um in den Keller zu gehen. Mit einem Blick durchschaute er, was zwischen den beiden vorging, so genau, wie es nur ein Analytiker kann, der den sechsten Sinn hat oder sogar den siebenten.

»Weißt du«, sagte er zu Johannes, »der Chef hat sich gedacht: Warum läßt der schnelle Knabe mich alten Droschkengaul beim Endspurt gewinnen? Wenn Kinder so was machen, dann wollen sie irgendwas.«

Er pfiff »All you need is love«, seinen Lieblingssong von den genialen Pilzköpfen, einen Evergreen aus den sechziger Jahren, den sogar der Knabe Johannes gut kannte und der ihn leicht erröten ließ, weil er die Anspielung sofort begriff. Als Luzifer nach unten verschwand, setzte er noch mal sein doppeldeutiges Grinsen auf und streckte Johannes die Zunge heraus.

Der alte Herr und der Kleine gingen hinauf in die Küche, und da die Köchin ihren freien Tag hatte, mußten sie alles selber machen. Gott hatte zwei tiefgefrorene Croissants auf die Schnellkochplatte gelegt, um sie aufzubacken, und Johannes versuchte gerade, ein paar Orangen aufzuschneiden, um sie im Mixer zu Saft zu zerquetschen. Eine plötzliche, ungeschickte Bewegung, und er schnitt sich tief in den Zeigefinger der linken Hand. Blut schoß heraus, und um den Schmerz zu kühlen, tauchte er den Finger in den Saft. Aber der Schmerz wurde natürlich noch beißender durch die Obstsäure. Mit einem kleinen, unterdrückten Schrei ließ er das Messer fallen und steckte den Finger in den Mund. Gott bemerkte nichts davon, da er vergeblich damit beschäftigt war, die Croissants, die inzwischen schwarz wie Preßkohlen am Ceranfeld klebten, davon abzukratzen.

Als die Hobbyköche endlich saßen, und Gott die ungewöhnlich rote Farbe des Orangensaftes lobte, fragte Johannes:

»Warst Du schon mal so richtig verliebt? Ich meine, über beide Ohren?«

»Das ist schon lange her. Ich kann mich nur noch erinnern, daß es . . .«

» . . . daß es wunderschön war und Du abends nicht einschlafen konntest?«

»Nein, daß es im Herbst auf einem Kornfeld war. Und das war gerade abgemäht. Oh Himmel, war das vielleicht unbequem. Alles voller Stoppeln, verstehst du. Ich erinnere mich noch, wie es fürchterlich gepiekt hat, daß ich lauter blutende Einstiche auf dem Rücken hatte und dann anschließend nur im Sitzen schlafen konnte.«

»Ach, dann hast Du unten gelegen und Deine Freundin oben? Tatsache? So was hat es schon vor der sexuellen Revolution gegeben? Dann war Deine Freundin eine Emanze?«

Der alte Herr mußte plötzlich husten, so daß ihm Johannes auf die Schulter klopfte.

»Tiefer, tiefer«, sagte Luzifer, der die Küche betrat. »Du mußt auf den Rücken klopfen beim Husten, nicht auf die Schulter. Sonst hilft es nicht. Keine Angst, die alten Wunden sind längst verheilt.«

Als der alte Herr sich beruhigt hatte, und er einen Schluck O-Saft hinuntergeschüttet hatte, wollte Luzifer wieder gehen:

»Ich höre, ihr seid bei einem sehr persönlichen Gespräch. Ich will nicht stören.«

110

»Bleib doch. Wir wollten gerade das Thema wechseln«, krächzte Gott noch etwas heiser.

»Ja«, flötete der Kleine, »ich wollte gerade fragen, ob Du dich erinnern kannst, wie Du deinen Sohn gezeugt hast?«

Das Gesicht des alten Herrn verfinsterte sich, aber diesmal blieb der Hustenanfall aus, vielleicht weil er noch nicht wieder ganz bei Stimme war, statt dessen bekam Luzifer einen Lachanfall:

»Ich glaube, das Kind braucht dringend Religionsunterricht. Liebes Johannes-Schätzchen, hast du denn in der Schule nicht aufgepaßt, als von der jungfräulichen Geburt die Rede war?«

»Ich bin kein Kind mehr. Außerdem habe ich sehr wohl aufgepaßt. In der Bibel steht nichts von der Jungfrau Maria, sondern daß sie außer Jesus noch sieben Kinder hatte: Jakobus, Joseph, Simon und Judas. Außerdem noch drei Töchter. Glaubst du, die hat alle als Jungfrau gekriegt, oder? Erst auf dem Konzil von Ephesus 431 haben Theologen das Märchen ausgedacht, daß Maria ihr ganzes Leben Jungfrau geblieben ist.«

Luzifer verneigte sich ironisch und klopfte wie ein Student mit den Knöcheln auf die Tischplatte:

»Das ist wahre Bildung. Alle Achtung.«

»Du brauchst gar nicht so zu spotten. Ich weiß sogar, daß diese Märchenonkels damals bei den alten Persern geklaut haben. Angeblich war ja Zarathustra auch eine Jungfrauengeburt. Und Isis auch. Die trug sogar schon ein paar tausend Jahre vor Maria den blauen Mantel mit Sternen drauf. Auch die Mutter von Herakles soll 'ne ewige Jungfrau gewesen sein. Alles abgekupferte Legenden. Hab ich nicht recht?«

»Ist ja schon gut, Schätzchen. Du hast ja so recht. Dabei hast du leider vergessen, daß der alte Herr deine Frage noch nicht beantwortet hat. Vielleicht tut er's ja jetzt. Ich wäre auch sehr gespannt.«

Der alte Herr kratzte schweigend Butter und Marmelade auf ein Knäckebrot, ein lustfeindliches Backwerk, daß er eigentlich haßte, weil es nach nichts schmeckte, beim Abbeißen krachte und krümelte und sich immer kleine Splitter zwischen Gaumen und Andruckplatte des Gebisses schmerzhaft einklemmten. Aber nun war ja kein anderes Brot da. Die französischen Lusthörnchen lagen verbrannt im Mülleimer.

Mit jedem Biß verdüsterte sich das Gesicht des alten Herrn, so daß er jetzt aussah wie Gert Fröbe als Doktor Mabuse:

»Soll das ein Verhör werden?« raunzte er, »oder noch schlimmer, so was wie eine Talkshow?«

»Entschuldige bitte«, stammelte Johannes, »hab ich Dich gekränkt?«

»Das hat mit dir doch nichts zu tun, kleiner Talkmaster«, fuhr Luzifer dazwischen, »der alte

Herr kann sich als Gott zu seiner Sexualität doch nicht einfach bekennen. Die Gläubigen würden so was nie akzeptieren. Götter, die Sex lieben, die gab's bei den alten Griechen, aber die sind ja angeblich wegen ihrer Dekadenz vom Himmel gestürzt. Tatsächlich sind sie wegen ihrer allzu großen Ähnlichkeit mit den Menschen überflüssig geworden. Haben sich dadurch selber abgeschafft. Offenbar ist es so, je unwissender ein Mensch ist, desto mehr sehnt er sich nach einem perfekten Gott, der fern und unerreichbar ist. Ein Gott darf weder kacken noch vögeln. Und wenn, dann muß ers heimlich tun. Frag den alten Herrn, der weiß das.«

Gott wischte sich den Mund ab und warf die Serviette auf den Tisch. Er hatte genug und verließ die Küche.

Johannes wollte ihn zurückholen, doch Luzifer hielt ihn am Ärmel zurück.

»Er ist alt und klug genug, um mit unseren Späßen fertig zu werden. Übrigens, was ist mit deiner Freundin auf der Erde? Ist sie hübsch?«

»Bis jetzt kenn ich sie nur vom Telefon. Ich hab mich mal verwählt, und da war sie dran. Die hat eine Stimme, einfach geil. Nicole heißt sie und stammt aus Chemnitz.«

»Und nun hast du keinen richtigen Appetit mehr, sitzt stundenlang geistesabwesend auf dem Klo und bekommst Schweißausbrüche wie eine Frau in den Wechseljahren.«

»Woher weißt du das?«

»Liebe ist eine Erkrankung des zentralen Nervensystems, und du durchleidest gerade die erste Phase nach der Infektion. Es ist immer dasselbe. Das ist ein fest umrissenes Krankheitsbild.«

Luzifer fummelte eine Zigarette aus der blauen Packung.

»Ich hab's immer so gehalten, wenn ich gemerkt habe, daß das Fieber beginnt, hab ich heiß gebadet, dann ein warmes Bier getrunken und mich ins Bett gepackt zum Schwitzen. Allein, versteht sich. Und viel gearbeitet. Das stärkt die Abwehrkräfte enorm. Neben Arbeit ist Sex natürlich die allerbeste Medizin gegen diese Krankheit.«

»Du redest wieder so einen Quatsch!«

»Wenn du dich verliebt hast, sieh zu, daß du diese Frau so schnell wie möglich ins Bett kriegst, damit der Spuk schnell wieder vorübergeht. Wenn du erst mal alle geheimen Falten und Höhlen deiner Geliebten auswendig kennst und alle Ächzer und Stöhner, weißt, welche Nerven du drücken und kitzeln mußt, dann ist die Krankheit Liebe auch ziemlich schnell ausgestanden. Und du sehnst dich nach etwas Neuem, Unbekanntem. Doch die ganz Naiven, die nicht bemerken, daß eigentlich schon alles aus ist, versuchen dann, das erloschene Feuer noch mal anzublasen. Jeder bekommt vom Priester ein goldenes Kettenglied an den Finger

114

gesteckt, was ich immer eine ziemlich lächerliche, phallische Ersatzhandlung fand. Das ist dann der Einstieg des jungen Paares ins Glück, an dem all die Alten schon seit Jahren leiden.«

Luzifer drückte den Rest der Zigarette aus und entzündete gleich eine neue.

»Je ausgiebiger du Sex machst, mit Frauen oder Männern, das ist letzten Endes nur 'ne Geschmackssache, und je mehr das zu deinem ganz normalen Alltagsleben gehört, desto eher wirst du immun gegen das, was die Leute für Liebe halten.«

»Du bist ja ein ganz gemeiner Sexist. Du willst die Liebe zerstören. Pfui Teufel!«

Luzifer paffte zwei schöne, runde Ringe in die Luft.

»Wer Liebe und Sex nicht trennen kann, der ist zu wirklicher Liebe noch nicht fähig. Und zu wirklichem Sex auch nicht.«

»Darf ich jetzt gehen, Herr Professor?« sagte Johannes so spöttisch er konnte, aber das klang nicht besonders beeindruckend. Und als er bereits in der Tür war, drehte er sich noch mal um.

»Das hat mich alles sehr beeindruckt. Aber ich wollte dir eigentlich nur gesagt haben, daß ich morgen auf die Erde fliege. Zu Nicole. Wir wollen uns verloben.«

»Es ist mir schon klar, wer an solch einer Krankheit leidet, fürchtet nichts so sehr wie seine Heilung. Auf jeden Fall am Anfang.«

Luzifer kratzte den allerletzten Rest aus dem Marmeladenglas.

»Na, das war's wohl, und jetzt geh ich zu meinem starken, schwarzen Masseur. Mein Rückgrat hat's wieder mal nötig. Wenn ich zur Hochzeit eingeladen werde, muß ich mit Nicole einen fetzigen Boogie aufs Parkett legen können, wenigstens einen. So wie früher. Vielleicht ist sie ja wirklich eine Hübsche.«

Johannes stapfte inzwischen etwas verwirrt durch den Garten und ließ seine Aggression an hohen Disteln und Margeriten aus, die er mit einer Rute köpfte. Da stieß er hinter dem großen Komposthaufen auf Uriel, der dahockte wie eine Deutsche Dogge, die Durchfall hat.

»Psst! Sei still, Johannes. Ich habe eine Falle für einen Maulwurf gelegt. Beweg dich nicht. Die Biester sind ja so hellhörig in ihren Bunkern.«

»Was? Du jagst Maulwürfe?«

»Klar, man bekommt hier ja nichts Richtiges zu essen.«

Der Junge verhielt sich einen Moment ruhig und trat dann mit dem Fuß so kräftig auf den Erdboden, daß selbst Uriel, wäre er ein Höhlentier gewesen, vor Angst unten geblieben wäre.

»Das ist aber gar nicht artig von dir, frecher Rüpel. Jetzt muß ich die Falle wieder abbauen und woanders installieren. Komm, hilf mir gefälligst.«

Johannes tat das auch und fand an dem mörderischen Geschäft sogar ein gewisses handwerkliches Vergnügen. So schnell gewöhnt man sich also an das Töten, merkte er erschrocken.

Während die beiden Jäger Stöcke in den Boden bohrten, Drähte spannten und Schlingen legten, erzählte Johannes vom Gespräch mit Luzifer und wie es ihn schockiert hatte.

»Laß dich nicht verwirren, Junge. Du empfindest schon ganz recht, die gesunde Vereinigung von Mann und Frau ist die Keimzelle jedes gesunden Staates.«

»Ich will doch keine Keimzelle, ich will Nicole. Ich liebe sie.«

»Liebe ist ein Abfallprodukt der Pflicht, junger Mann. Wenn man seine Pflicht tut, entsteht Liebe von selbst. Das ist eine Frage des Stehvermögens, wenn du verstehst, was das ist.«

Johannes wußte nicht so recht, was der finstere Erzengel mit »Stehvermögen« gemeint haben könnte, vielleicht schon wieder so eine obskure Anspielung, mit der die Erwachsenen sich gerne wichtig machen. Er hatte keine Lust mehr, mit Uriel zu debattieren, ging vielmehr in sein Zimmer, um für den nächsten Tag zu packen.

Luzifer, von der Massage zurück und wieder fit an Kopf und Gliedern, kam eine halbe Stunde später zu ihm nach oben. Um sich zu entschuldigen? Nein, warum sollte er?

»Ich will dir nicht zu nahe treten«, griemelte er, »aber ich mag dich wirklich gern und werde dich vermissen. Hier oben in diesem heiligen Hochsicherheitstrakt, in dem seit der Kreuzigung nichts mehr aufregend Weltbewegendes passiert ist, warst du wirklich ein schönes, buntes Überraschungsei. Schade, daß du abhaust. Ich hätte Lust mitzukommen. Aber ich mag den alten Herrn nicht sitzenlassen.«

Während er das mit leiser Stimme hauchte, griff er in seine Jackentasche und zog liebevoll eine der vielen »American Express Card« aus dem Portefeuille, und zwar eine in Gold und drückte sie dem verblüfften Jungen in die Hand.

»Die wirst du nötig haben. Wofür? Einfach für alles. Selbst für die Liebe. Die wird da unten auch nicht auf Krankenschein behandelt. Und für jedes schöne Fräulein, das dich heilen soll, brauchst du cash, verstehst du, cash.«

»Ich lehne Geld ab. Der wirkliche Reichtum ist die Armut.«

Luzifer bekam richtiges Mitleid mit dem Kleinen. «Nur wenn du was gehabt hast, kannst du auch was aufgeben. Aber fürs Loslassen brauchst du einen kräftigen Schließmuskel im Gehirn. Aber den hast du bis jetzt in dieser fettfreien Sonntagsschule hier oben nicht trainieren müssen.«

»Gott hat mir beigebracht, es ist allein der Glaube, der reich macht.«

»Ob das so schön wäre, ich weiß nicht. Auf der Erde dreht sich alles nur um die drei Ps, Portemonnaie, Penis und Punz. Es kommt immer darauf an, was du damit anfängst. Aber erst mal haben mußt du's, haben, mein Lieber.«

Mit einem kräftigen Druck umarmte er den verschreckten Jungen.

»Ach ja, vergiß die nicht.«

Er steckte ihm ein Päckchen »Fromms Extra Sensibel mit Heidelbeergeschmack« in die Hosentasche.

»Falls du damit nicht klarkommst, wie diese Zündhütchen übergezogen werden, dann . . . «

»Dann wirst du mir im entscheidenden Moment die Gebrauchsanleitung rüberfaxen. Alles klar.«

Beide lachten, und der Junge verwahrte das kostbar glitzernde Stück Plastik und die Überzieher in seinem Brustbeutel.

Das gemeinsame Frühstück am nächsten Tag fand nicht wie üblich in der Küche, sondern »zur Feier des Tages«, wie die alte Köchin das nannte, in der guten Stube statt. Es war wirklich fröhlich, weil jeder Engel Johannes zuprostete, und selbst der alte Herr derart angeregt war, daß er ganz rote Backen bekam und Anekdoten aus seiner Jugend erzählte, die zwar Luzifer bereits alle kannte, über die die anderen aber noch herzhaft lachen konnten. Alle waren gekommen, außer Uriel, der wie immer in seinem unterirdischen Labor werkelte.

Die Köchin hatte für den alten Herrn ein belebendes Getränk gemixt, eine raffinierte Mischung aus Zitronensaft, Sherry und schwarzem Tee, das ihn wegen des Alkoholgehaltes bisweilen etwas sentimental stimmte.

»Ich beneide dich, Johannes, daß du jetzt ins Erdenleben gehst«, seufzte Gott. »Ich hab diese ewige Sicherheit hier oben auch so satt. Du glaubst es nicht. Ich lebe wie ein Pensionär, der sein Geld automatisch überwiesen bekommt für irgendwelche längst vergessenen Leistungen und sogar so abgesichert ist, daß er sich den Luxus leisten kann, sich über andere Leute den Kopf zu zerbrechen. Und das, ohne für sie wirklich das tun zu können, was sie von ihm erwarten. Ich glaube, ich weiß gar nicht mehr so richtig, was Hunger, Armut und Existenzkampf sind. Ich fürchte, die Realität des wirklichen Lebens geht an mir vorbei. Und manchmal bemerk ich das nicht mal mehr.«

Johannes fiel der Unterkiefer herunter, daß seine Amalgamplomben blitzten. Er wollte vor Entsetzen über das, was Gott da gerade über sich offenbarte, aufschreien. Aber dazu kam es nicht, denn in diesem Moment gab es einen dumpfen Knall, das Fenster fiel klirrend aus dem Rahmen, die Lampe löste sich von der Decke, knallte auf den Tisch, und eine Staubwolke, die nach trockenem Mörtel roch, füllte den Raum, so daß es finster wurde. Johannes war durch den Druck der Explosion vom Hocker geschleudert worden, erhob sich jetzt mühsam, tastete seinen Körper von unten bis oben ab, um festzustellen, ob alle Einzelteile noch komplett waren.

Alle schrien durcheinander, einige Engel stürzten nach draußen, und die Köchin weinte und rief: »Lieber Gott, warum tust Du uns das an? Womit hab ich das verdient? Hab ich jemals was versalzen oder anbrennen lassen?«

Erzengel Gabriel kniete auf dem Boden mitten im Schutt und bekreuzigte sich fortwährend. Der Zimmerhase war aus seinem Pappgefängnis gesprungen, und der Wellensittich flatterte durch die Staubwolken nach draußen. Nur Luzifer kreischte vor Vergnügen und rief: »Wunderbar, jetzt ist es da, das Ende. Die Ewigkeit ist zu Ende, endlich. Dieses gottverdammte Haus stürzt ein. Leute, jetzt kommt frischer Wind auf.«

»Du Zyniker! Du bist an allem schuld. Luzifer hat uns in die Luft gesprengt!« keifte ein kleines, wildes Engelchen und wollte ihm an die Gurgel springen.

Da klang vom Flur ein schweres, dumpfes Keuchen. Es war Uriel, der aus der staubigen Finsternis wie ein verwundeter Saurier hervortrat. Völlig verstört, die Haare wirr, der Anzug voll Dreck und Brandlöcher, hinter der zerbrochenen Brille irre, weitaufgerissene Augen.

»Ich habe es geschafft. Ich hab ihn gefunden, den Sprengstoff für das nächste Jahrtausend. Rein biologisches Material durch einen gentechnischen Eingriff explosiv gemacht. Ein hochbrisanter Sprengstoff, millionenfach wirksamer als herkömmliches TNT. Und äußerst preiswert, weil das Ausgangsmaterial überall ungenutzt herumkrabbelt.«

Selbst der alte Herr starrte den irren Physiker fassungslos an.

»Uriel ist wahnsinnig geworden. Schade, dabei hat er als Wachsoldat damals vor dem Garten Eden immer so zuverlässig Dienst getan.«

»Ihr habt keine Ahnung, woraus ich den gemacht habe? Stimmt's? Ihr kommt nicht drauf: aus einer Spinne, einer ganz ordinären Hausspinne, wie sie's zu Milliarden auf der Erde gibt. Arachnida domestica explosiva. Genial. Einfach genial. Ich habe die atomare Energie, die in jeder dieser Zellen steckt, energetisch nutzbar gemacht. Und ihr seid die ersten, die sich von meinem Sieg über die Nutzlosigkeit des Ungeziefers überzeugen können. Ich hab es nur für euch und eure Sicherheit getan! Ich liebe euch doch alle.«

Es herrschte absolute Stille.

»Na, das hast du fabelhaft gemacht, Uriel«, sagte Luzifer, »das ist die zweite Vertreibung aus dem Paradies. Und die erste war ja schon ein ganz hübscher Arschtritt in die richtige Richtung. Ich bin gespannt, wo die zweite hinführt.«

Er zwinkerte Gott zu, dem eigentlichen Verursacher dieser innovativen Katastrophe, dem langsam dämmerte, um welches arme Spinnchen es sich da gehandelt haben könnte.

Luzi bückte sich, zog unter dem Schutt eine unversehrt gebliebene Flasche Beaujolais hervor und schlug sie an der Kante des umgestürzten Fernsehers auf.

»Ich trinke auf diesen Urknall und die Fortsetzung der Evolution«, rief er und nahm einen satten Schluck.

»Mein schönes Geschirr ist hin. Und die Fußbodenkacheln, die hab ich heute morgen noch poliert. Wie soll ich die jemals wieder sauber kriegen?« jammerte die Köchin und streichelte über einen total zerbeulten Teekessel, den sie aus dem Geröll gekramt hatte und jetzt krampfhaft festhielt, als wäre er der goldene Kelch des Gral.

»Zahlt das eigentlich die Hausratsversicherung?« fragte Johannes.

»Du bist wirklich reif zum Heiraten«, amüsierte sich Luzifer, »du bist der richtige Mann, der eine Jungfrau zur glücklichen Hausfrau machen kann.« Er reichte die Flasche dem alten Herrn, dann der Köchin, aber beide winkten müde ab.

123

»Ich denke, ich werde auch auswandern und mich auf der Erde als Psychoanalytiker niederlassen. Oder als Gestalttherapeut oder so was, falls mir die Psychoanalytiker-Mafia die Kassenzulassung verweigert.«

»Und mich wollt ihr allein hier lassen?« murrte der alte Herr.

»Komm doch mit uns. Leute wie Dich braucht man heute auf der Erde dringend. Und vielleicht finden wir einen Job für Dich.«

»Aber welche Konfession soll ich annehmen?«

»Na, der Vatikan wird dich nicht mal als Schweizer Gardist zulassen und bei den Evangelen wirst du auch keine Karriere machen können, dafür kannst du zu wenig Lieder von Martin Luther auswendig. Und 'ne Pfarrfrau hast du auch nicht. Vielleicht bekämst du bei den Buddhisten 'ne Chance, die fragen nicht, woher jemand kommt und woran er glaubt. Die würden Dich auf jeden Fall nicht gleich in die Psychiatrie stecken, wenn Du sagst: Ich bin Gott.«

»Komm, Luzi-Ferrari, gib mir einen Schluck ab«, bat der alte Herr schließlich doch. »Ich brauch jetzt ein bißchen Mut.«

Er nippte einen kleinen Schluck, dann einen größeren und noch einen.

»Ein bißchen Mut, um wieder Mensch zu werden. Wenigstens für eine gewisse Zeit. Dabei hab ich mir das doch immer gewünscht. Aber

ich bin schon so lange aus der Übung, weißt du.
Hilfst du mir dabei?«

Luzifer griff in die Innentasche seines lädier-
ten Jacketts und nestelte einen schon ziemlich
zerknüllten Umschlag heraus.

»Jetzt kann ich dir's ja beichten. Ich trage
schon viele Jahre lang zwei Flugbilletts zur Erde
mit mir herum. Eins für Dich und eins für mich.
Ich dachte immer, wir werden sie irgendwann
bestimmt noch brauchen.«

Er reichte dem alten Herrn eines der Tickets.

»Entschuldige bitte, ich habe Dich als Begleit-
person gebucht. Da mußte ich für uns beide
nämlich nur die Hälfte zahlen. Wir fliegen aber
trotzdem Business-Class.«

So flogen sie also tatsächlich zur Erde: Johannes, Luzifer und der alte Herr. Und alle auf
Luzifers Kosten. Es war ein sehr langer und
anstrengender Flug, und Gott hatte genug Zeit,
über den Wert von Geld nachzudenken, das er
immer ein wenig verachtet hatte. Wenn er jetzt
seinen Freund beobachtete, der aus seiner Brief-
tasche einen Dollarschein nach dem anderen
hinblätterte, um bei der lächelnden Stewardeß
allerlei zollfreien Schnickschnack zu kaufen,
dachte er auch an die vielen Abenteuer, die sie
auf der Erde gemeinsam ausgeheckt hatten,
wobei der schlaue Luzifer fast nie öffentlich auf-
getreten war und immer dem alten Herrn den
Vortritt gelassen hatte.

»Ich fühle mich wieder richtig jung wie damals«, sagte er, »weißt du noch, als ich diesem Planeten, auf den wir jetzt zufliegen, öfter mal einen Besuch abgestattet habe. Wie heißt er noch mal schnell?«

»Die Erde«, half der Junge aus und ratterte die Daten runter, die er auf der Schule gepaukt hatte, »größter Umfang vierzigtausend und siebzig Kilometer, Kubikinhalt eine Milliarde und zweiundachtzigtausend achthunderteinundvierzig Millionen Kubikkilometer und . . . «

»Ach so klein, ich hab sie viel größer in Erinnerung«, sagte der alte Herr, den Zahlen immer langweilten.

»Mit zunehmendem Alter schrumpft wirklich alles«, meinte Luzifer, während die Stewardeß das viel zu heiße Essen brachte in diesen abscheulichen, kleinen, weiß lackierten Aluminiumschachteln, die wie Särge aussehen und an denen man sich immer die Finger verbrennt.

»Wetten, daß wieder ein Stück Tierleiche drin ist. Bestimmt von so einem armen Schwein.«

»Ja, richtig. Erde heißt das blaue Kügelchen«, schwärmte der alte Herr. »Sie ist mir, glaube ich, ganz hübsch gelungen. Was hab ich für Spaß gehabt, als ich auf dem Berg Sinai das Gestrüpp angezündet habe, um den Moses zu beeindrucken. Der hat vielleicht vor Angst gezittert und diese Tontäfelchen mit den zehn Geboten gehorsam entgegengenommen. Ich denke, damit hab ich den Grundstein für Recht und Ordnung für die Menschheit gelegt, oder?«

»Ich bin ganz deiner Meinung«, Luzifer öffnet mit spitzen Fingern den Alu-Sarg, »ohne deine damalige Kokelei gäb es heute keine Straßenverkehrsordnung, keinen Bußgeldkatalog und keine Gesetze für Massentierhaltung. Der Fortschritt beginnt immer mit der Vermehrung von Papier. Das Vaterunser kam noch mit neunundvierzig Worten aus, die Verordnung für Im- und Export von Karamellen in Europa hat einundzwanzigtausend nötig. Wer will da noch an Tontäfelchen festhalten. Die sind weiß Gott zerbrechlich.«

»Das ist gemein«, knurrte Johannes, »Gott ist dafür nicht verantwortlich. Er hat geschrieben: »Du sollst nicht töten. Und andere humane Gesetze.«

»Du hast ja wieder mal so recht«, Luzifer schob das Schweinestückchen in die Schachtel des Jungen und angelte sich dafür dessen grüne Bohnen, »aber leider hat sich der alte Herr, der soeben wieder eingeschlafen ist, an seine eigenen Gebote nicht gehalten. Guck mal in die Bibel. Und lies Moses. Wenn wir jetzt irgendwann landen und in einem Hotel übernachten, dann mach mal die Schublade von deinem Nachttisch auf. Da ist bestimmt eine dieser Heiligen Schriften versteckt. Nimm sie mit, das merkt sowieso kein Mensch.«

»Das ist aber Diebstahl.«

»Nein, Informationsbeschaffung.«

»Wer stiehlt, dem wächst die Hand aus dem Grab.«

»Ich darf dich ja nicht mehr ›Kindchen‹ nennen, auch wenn das jetzt angebracht wäre. Also, Herr Johannes, wenn wir jetzt da runter düsen auf diese verkommene Kugel, dann merk dir mal die wichtigste Regel, das Wort ›Gebot‹ will ich gar nicht in den Mund nehmen: Willst du Erfolg haben, dann mußt du erst mal zehn Jahre lang ein Schwein sein. So jetzt weißt du auch, warum ich diese Viecher nicht esse.«

Mit solchen Sticheleien verging der unendlich lange Flug fast wie im Fluge.

Hochverehrte Leser, Sie wollen wissen, was aus der netten, alten Köchin geworden ist und aus Uriel?

Uriel ist in seinem Labor geblieben. Er hat Aufträge noch und noch. Alle paar Tage klappert sein Fax mit Bestellungen von Politikern, die sich gewaltig in Unkosten stürzen, um für ihre Friedenssoldaten die neuesten Friedensbomben und das wirksamste Friedensgiftgas einzukaufen. Aber Uriel liefert nach dem Zusammenbruch im Osten und der Staatsverschuldung in Deutschland nur auf Vorkasse.

»Vorsicht«, sagt er immer, »ist die Mutter des Bombenlegers.»

Und die Köchin? Natürlich kann man auf so eine Frau nicht verzichten, besonders wenn man sonst keine hat. Luzifer kaufte ihr am Schalter der »God Father Airline« ein Billett.

Und sogar den verbeulten, alten Teekessel durfte sie mitnehmen. Als Handgepäck.

»Das kenne ich«, sagte die nette Stewardeß, »bei Katastrophen und Zusammenbrüchen klammert man sich immer an wertlosen Sachen fest.«

So leben die vier also jetzt auf der Erde.

Und sind zufrieden? Na ja, es geht halt jetzt noch viel irdischer zu.

Mit Nicole ist es nichts geworden. Sie war klein, pummelig, ein bißchen dumm, was nicht so abschreckend gewesen wäre, aber sie arbeitete halbtags in einer Agentur für Telefon-Sex. Wegen ihres betörenden Stimmchens hatte man sie dort angestellt. Johannes blieb nur zwei Nächte.

Trotzdem, die Heidelbeerhütchen sind längst aufgebraucht. Johannes aber ist auf eine andere Geschmacksrichtung umgestiegen. Auch in dieser Hinsicht. Alles braucht halt seine Zeit. Und die goldene Zauberkarte darf er selbstverständlich weiterbenutzen. Luzifer sei Dank.

Und Luzifer selbst? Er macht Motivationstraining für Manager und bekommt fünftausend Mark für ein Wochenende. Von jedem Teilnehmer, versteht sich. Nebenbei schreibt er für eine bekannte Illustrierte als psychologischer Lebensberater. Ältere Leserinnen kaufen das Blatt nur seinetwegen, weil seine Ratschläge in Sachen Liebe wirklich aus dem vollen Leben gegriffen sind.

Und der alte Herr? Er hat zunehmend mit Asthma zu tun, und die Prostata macht auch immer öfter Probleme, aber sonst geht's ihm eigentlich ganz gut. Vor dem Tod hat er, das läßt sich leicht erklären, keine Angst. Er lebt zusammen mit der Köchin in einer Neubausiedlung und spielt gern mit den Kindern der Nachbarn und erzählt ihnen schöne, alte Geschichten. Sie lieben ihn alle. Auch sonst engagiert er sich gern. Aber nicht im Kirchenchor, obgleich er immer noch einen schönen, tiefen Baß hat, und im Gottesdienst ist er auch nicht gern gesehen, weil er einmal laut gelacht hat, als der Pastor von der Kanzel sagte: »Unser Herrgott würde sich sehr freuen, wenn ihr am Wahl-Sonntag eure Stimme einer Christlichen Partei geben würdet.« Jeden Tag lernt er wieder was dazu. Die Rente ist bescheiden, denn er hatte große Schwierigkeiten, der BfA seine Tätigkeit der vergangenen Jahrzehnte nachzuweisen. Aber sein alter Freund Luzi-Ferrari, der sich wirklich so einen Luxusschlitten zugelegt hat, läßt ihn nicht im Stich.

Vielleicht kennen Sie ihn ja, obgleich er allergrößten Wert darauf legt, sein Inkognito zu wahren.

Wie lange er noch hier unten bleibt? Wer kann das schon wissen. Aber bestimmt nicht für ewig.

Denn Luzifer hat natürlich Rückflüge gebucht. Er überläßt eben nichts dem Zufall.